O ATLETA INTERIOR

COMO ATINGIR A PLENITUDE DO SEU POTENCIAL FÍSICO E ESPIRITUAL

Dan Millman

O ATLETA INTERIOR

COMO ATINGIR A PLENITUDE DO SEU POTENCIAL FÍSICO E ESPIRITUAL

Tradução
ADAIL UBIRAJARA SOBRAL
MARIA STELA GONÇALVES

EDITORA PENSAMENTO
São Paulo

Título original: *The Inner Athlete - Realizing Your Fullest Potential*

Publicado mediante acordo com Stillpoint Publishing, uma divisão da Stillpoint International Inc., New Hampshire, USA.

Dados Internacionais de Catalogação na Publicação (CIP)
(Câmara Brasileira do Livro, SP, Brasil)

Millman, Dan
O atleta interior : como atingir a plenitude do seu potencial físico e espiritual / Dan Millman ; tradução Adail Ubirajara Sobral, Maria Stela Gonçalves. -- São Paulo : Pensamento, 2007.

Título original: The inner athlete : realizing your fullest potential.
2ª reimpr. da 1. ed. de 1996.
ISBN 978-85-315-0961-2

1. Aptidão física - Aspectos psicológicos 2. Atletismo - Aspectos psicológicos 3. Auto-ajuda 4. Desenvolvimento pessoal I. Título.

07-9255 CDD-796.01

Índices para catálogo sistemático:
1. Atletismo : Filosofia 796.01

O primeiro número à esquerda indica a edição, ou reedição, desta obra. A primeira dezena à direita indica o ano em que esta edição, ou reedição, foi publicada.

Edição	Ano
2-3-4-5-6-7-8-9-10-11	08-09-10-11-12-13-14

EDITORA PENSAMENTO-CULTRIX LTDA.
Rua Dr. Mário Vicente, 368 — 04270-000 — São Paulo, SP
Fone: 6166-9000 — Fax: 6166-9008
E-mail: pensamento@cultrix.com.br
http://www.pensamento-cultrix.com.br

DEDICATÓRIA

Aos que compreendem o Momento da Verdade,
que se esforçam repetidas vezes
e nunca param de sonhar;
aos que têm o espírito
do atleta interior,
sejam ou não do time principal.

Sumário

Agradecimentos 9
Prólogo 11
Introdução 13

UM: Compreender o Jogo Mais Amplo 19

1. Leis naturais 21
2. O poder da concentração 39
3. Preparação 50

DOIS: Desenvolver o Talento 63

4. Talento mental 65
5. Talento emocional 87
6. Talento físico 97

TRÊS: O Atleta Interior em Ação 137

7. Treinamento: Instrumentos para a transformação 139
8. Competição: O momento da verdade 161
9. Novas fronteiras: A evolução do atletismo 177

Epílogo: O Domínio da Experiência do Movimento 191

Agradecimentos

Minha mais profunda gratidão às pessoas que, direta ou indiretamente, contribuíram para a realização deste livro: meus pais, Herman e Vivian Millman, pelo seu amor e apoio; meus ex-treinadores, Xavier Leonard, Ernest Contreras e Harold Frey, que me ajudaram mais do que imaginam; meus companheiros de equipe, pela sua amizade e apoio; e os atletas interiores, do Oriente e do Ocidente, que iluminaram o caminho e em cujos ombros me sustento.

Agradecimentos especiais a Alfie Kohn, autor *No Contest: The Case Against Competition*, e à revista *Women's Sports and Fitness*, por sua gentil permissão de citar trechos da obra do dr. Kohn; e a John Robbins, autor de *Diet for a New America*, obra de que também citei trechos neste livro, e que fez uma diferença na minha vida.

Agradeço também a Dorothy Seymour, que se encarregou desta nova edição, a Errol Sowers e Meredith Young-Sowers, bem como ao pessoal da Stillpoint Publishing, pela sua iniciativa e entusiasmo na criação desta nova edição.

Este e todo livro que escrevo refletem o amor, o apoio e a paciência da minha família — Joy, Sierra e China.

Prólogo: O atleta interior na arena da vida cotidiana

Em cada um de nós há heróis; fale com eles e eles vão aparecer.

— Anônimo

A voz do locutor treme de excitação enquanto as imagens começam a aparecer: "Senhoras e senhores, vocês vão ver uma façanha realizada pela primeira vez por David Seale — uma façanha que requer total concentração, ousadia e coordenação. O que vocês estão para presenciar não aconteceu da noite para o dia, mas é o resultado de meses de preparação. Aí vem ele!"

Aparece uma figura na tela. David tem um ar descontraído e confiante. Pouco antes de começar, uma complexa série de movimentos e equilíbrios. Ele fica momentaneamente estático, hesita um instante e então, com os olhos concentrados num ponto à sua frente, sem olhar para baixo, com a mente completamente voltada para a sua tarefa, começa a se movimentar. Seu corpo permanece relaxado quando ele inicia o primeiro movimento.

De repente, com um tremor, ele começa a cair! David se recupera rapidamente e, sem desperdiçar um instante com raiva ou com medo, recompõe o corpo outra vez e continua a buscar o seu alvo, o rosto sereno mas concentrado.

Quando está perto de sua meta, David quase cai outra vez, mas volta a recuperar o equilíbrio. Ele se lança para a frente, o rosto radiante. Passado um momento final de suspense, os espectadores voltam a respirar e aplaudem, deliciados, enquanto David Seale, atleta interior de 10 meses de idade, se aproxima e se lança aos braços estendidos da mãe. Sob as lentes da câmera paterna, David deu os seus primeiros passos no tapete da sala.

Todos fomos atletas interiores na infância — a nossa mente não tinha preocupações nem ansiedades; tinha como objetivo o momento presente. Nosso corpo era relaxado, sensível, elástico e estava em harmonia com a gravidade; nossas emoções eram uma expressão livre, desinibida, espontânea.

Iniciamos a vida com um potencial praticamente ilimitado. No entanto, a maioria de nós perde contato com as aptidões da infância ao se ver sob o peso de crenças limitadoras; começa a negar as próprias emoções e a vivenciar uma variedade de tensões físicas. Este livro revela uma maneira de reverter essa situação ao nos mostrar como buscar o nosso potencial mais pleno.

No íntimo de cada um de nós há um atleta natural esperando para nascer.

Introdução

A curta vida das coroas de louros usadas pelos antigos campeões olímpicos lembra-nos que a vitória é passageira e que os momentos de glória logo fenecem. Mesmo os que brilham no seu campo de atividade ainda têm de enfrentar os desafios que a vida cotidiana apresenta — relacionamentos, estudos, carreira. Que abordagem de treinamento nos prepara mais para os confrontos emocionais e psicológicos travados na arena da vida cotidiana?

Há uma modalidade de treinamento, um método de fixação de prioridade, em que o nosso esporte ou jogo se torna um caminho para um objetivo mais amplo, uma porta para o crescimento pessoal, uma ponte para o nosso potencial humano mais pleno. Este livro vai lhe mostrar essa ponte.

Escrevi *O Atleta Interior* para compartilhar as descobertas que fiz ao longo de muitos anos de treinamento pessoal, de pesquisa e de observação, bem como de treinamento de outros atletas, para ajudar a esclarecer os benefícios interiores do treinamento e para ajudar o leitor a realizar o seu potencial de atleta interior, qualquer que seja o seu nível de capacidade ou de experiência. Escrevi este livro para você, para ajudá-lo a despertar suas capacidades mais elevadas.

Seja você um atleta de categoria mundial, um esportista de fim de semana ou um entusiasta da boa forma, os princípios, técnicas e exercícios deste livro lhe oferecem uma abordagem menos desgastante e mais plena de sentido do movimento que vincula o treinamento com a vida.

Treinamento para a vida

Os que não têm vida interior são prisioneiros do seu meio ambiente.

— Henri F. Amiel

Este livro serve a um duplo propósito: em primeiro lugar, para oferecer princípios, perspectivas e práticas concebidos para ampliar o escopo do treinamento interior; e, em segundo, para ajudar você a alcançar a excelência no seu campo de atividade, seja ele qual for.

Na busca da excelência, é demasiado fácil que passemos a sofrer da visão do túnel, visão na qual as marcas alcançadas, as estatísticas e as vitórias se transformam na meta do treinamento. Entretanto, se nos concentrarmos excessivamente no esforço, poderemos nos esquecer da razão pela qual nos esforçamos — sentirmo-nos satisfeitos com o nosso próprio ser, vivenciar a felicidade, alcançar o nosso potencial humano mais elevado.

Este livro não trata de dedicar a vida ao treinamento, mas de dedicar o treinamento à vida.

Atletas — interiores e exteriores

Quando deixei a competição ativa e comecei a ser técnico e professor de esportes, descobri que gostava de dar aulas tanto para iniciantes como para ginastas experientes. Os que faziam parte do time principal tinham ido mais longe no caminho, mas os iniciantes eram dotados de admiráveis qualidades interiores. Muitos deles eram bem-sucedidos em outros campos: na música, no teatro, nas artes marciais, na prestidigitação, na mímica, na pintura e na escultura. Observei elementos comuns a todos os campos de atividade; o meu conceito de "atleta" começou a se expandir.

O *Webster's Dictionary* define um atleta como "alguém que se envolve ou compete em exercícios ou jogos de agilidade, de força, de resistência física etc.". A arena do atleta *interior* tem uma significação e um escopo bem mais amplos. Além de praticar habilidades físicas, os atletas interiores desenvolvem qualidades mentais e emocionais que, ao contrário da maioria das habilidades físicas especializadas, podem aplicar-se a todos os aspectos da sua vida.

Não costumamos pensar nos músicos nem nos artistas como atletas; contudo, quase todos eles mostram a mesma coragem, concentração mental e capacidade física altamente coordenadas, demonstradas pelos que dedicam as mesmas longas horas ao treinamento esportivo. Os dançarinos figuram entre os atletas mais esforçados, muito embora raramente se envolvam em competições formais.

Neste livro uso com freqüência exemplos de esportes e jogos tradicionais e de atividades voltadas para a boa forma, como o golfe, o tênis, a corrida, a ginástica, as artes marciais, o futebol e o basquete, mas os princípios contidos no livro se aplicam igualmente a toda modalidade de treinamento de habilidades.

Os atletas *exteriores* treinam para se tornar *especialistas*, visto que se concentram no desenvolvimento da capacidade física; os atletas *interiores* tornam-se *mestres*, visto que se concentram igualmente em capacidades físicas, mentais e emocionais com o fito de alcançar o equilíbrio interior integrado. Nem todos os atletas interiores alcançam, ou mesmo desejam, a glória na competição; mas as qualidades interiores que desenvolvem fazem deles "vencedores" na vida diária.

Os atletas interiores reconhecem que seus relacionamentos, sua saúde, sua carreira ou forma de serviço, assim como o seu sucesso financeiro, exigem a mesma atenção que o seu treinamento físico; em outras palavras, as atividades do seu dia-a-dia requerem o mesmo compromisso, diligência e prática gradual para que se atinja a maestria.

O treinamento, de dentro para fora

Este livro tem como fundamento o princípio de que somos um todo dinâmico maior do que a soma das nossas partes. Quando integramos essas partes — o corpo, a mente e as emoções — mediante o treinamento, damos a nós mesmos e à nossa vida uma nova forma interior e exterior.

Para o atleta interior, o treinamento é uma metáfora e um espelho da vida de todos os dias; ele reflete nossas fraquezas e forças, revela nossos limites e nosso potencial. No nível mais elevado, quando entramos no "ponto culminante", o momento da verdade, o treinamento interior tem o poder de elevar o nosso espírito a um plano mais alto ao permitir que vivamos a vida de uma nova maneira.

Quando uso o termo *treinamento ou prática*, refiro-me tanto a uma qualidade intensificada de atenção como a um compromisso com o aperfeiçoamento ou melhoria. No cerne do treinamento interior está o compromisso de usar nosso campo de atividade como modelo do desenvolvimento de uma abordagem equilibrada da vida. Praticamos o nosso esporte, mas quantos de nós ainda praticam caligrafia? Com que freqüência nos empenhamos por inteiro em cada tarefa diária, seja andar ou lavar a louça, a fim de viver plenamente o momento?

Costumo lembrar aos meus alunos que o músico pratica música e o atleta, atletismo; o atleta interior pratica tudo.

O jogo menor e a arena mais ampla

No atletismo, as marcas, os tempos e os registros de vitórias e de derrotas servem muitas vezes como a medida primordial do sucesso. Podemos ser talentosos nos saltos mortais, no lançar a bola num buraco, acima de uma rede ou na cesta, em dar passes perfeitos ou em acertar uma bola na rede, mas essas habilidades pouco nos beneficiam na vida diária. Contudo, as qualidades interiores que desenvolvemos por meio dessas atividades — a concentração mental, a energia emocional e a capacidade de manter o corpo relaxado, mesmo sob pressão — o fazem.

Anos atrás, observei campeões japoneses de salto olímpico em esqui se aquecerem com o tai-chi-chuan, e mestres de aikidô dando aulas de golfe. As culturas ocidentais sempre tiveram consciência de que o domínio do eu interior é essencial ao sucesso no nível físico. Só agora começamos a nos dar conta de que cada cultura, com a sua própria riqueza em termos de diversidade, de língua e de concepção cultural, contribui para o bem-estar do todo. Os frutos da nossa compreensão interior mal começam a surgir na lucidez da consciência mais profunda. Chegou a hora de despertarmos o atleta interior, o guerreiro pacífico, que há em cada um de nós.

Dan Millman
San Rafael, Califórnia

UM

Compreender o Jogo Mais Amplo

O treinamento, o ponto central da experiência de atleta, pode ser representado pelo ato de escalar uma montanha. O pico simboliza seu potencial mais elevado. Onde quer que você esteja no seu caminho, é aconselhável ter uma visão clara do terreno à sua frente — um modo de saber a sua posição tendo as suas metas como ponto de referência —, a consciência dos obstáculos no seu caminho e do esforço necessário para atingir as suas metas.

Ver as coisas com realismo, ter profunda consciência do próprio potencial com relação a um dado empreendimento são coisas que lhe permitem escolher o curso mais sábio e treinar para segui-lo. Tudo o mais é o resultado de um bom começo.

1

Leis naturais

O ser da natureza é simples e fácil; os homens, porém, preferem o intricado e o artificial.

— Lao Tsé

Durante quinze anos, treinei com grande esforço a ginástica. Por maior que fosse o meu empenho, o progresso com freqüência parecia lento ou casual, razão por que me pus a estudar o processo da aprendizagem. Comecei com a teoria psicológica padrão e li estudos atuais sobre a motivação, a visualização, a hipnose, o condicionamento e o treinamento da atitude. Minha compreensão aumentou, mas de forma fragmentada. Longas leituras de filosofia oriental, incluindo perspectivas das tradições das artes marciais taoísta e zen, expandiram o meu conhecimento, mas eu ainda não tinha a compreensão que buscava.

Acabei por recorrer à minha própria intuição e experiência para obter as respostas que procurava. Compreendi que as crianças aprendem num ritmo notável em comparação com os adultos. Observei minha filhinha, Holly, brincando, para ver se podia descobrir que qualidade ela possuía que a maioria dos adultos não tinha.

Numa manhã de domingo, enquanto eu a via brincar com o gato no chão da cozinha, meus olhos passaram da minha filha para o gato e voltaram, e uma idéia começou a se cristalizar.

Um conceito intuitivo se formava na minha mente acerca do desenvolvimento do talento — não apenas do talento físico, como do talento emocional e mental.

Eu percebera que a abordagem que Holly fazia da brincadeira era tão relaxada e despreocupada quanto a do gato, e me dera conta de que a essência do talento não é tanto a presença de determinadas qualidades, mas sobretudo a *ausência* dos bloqueios mentais, físicos e emocionais que afetam a maioria dos adultos.

Depois dessa descoberta, vi-me dando longas caminhadas sozinho, observando as forças do vento e da água, das árvores e dos animais — e seu relacionamento com a terra. No início, só me dei conta do óbvio — que as plantas tendem a crescer na direção do sol; que os objetos caem na direção da terra; que as árvores se inclinam ao vento; que os rios correm colina abaixo.

Depois de muitas caminhadas desse tipo, a natureza retirou o seu véu e a minha visão ficou clara. Ao ver as árvores se inclinando ao vento, compreendi o princípio da *não-resistência.* Visualizando com que delicadeza a água corrente pode perfurar a rocha sólida, apreendi a lei da *acomodação.* Observando que todas as coisas vivas florescem em ciclos moderados, pude compreender o princípio do *equilíbrio.* Atentando para a passagem regular das estações, cada qual chegando em seu próprio tempo, aprendi a lição da *ordem natural* da vida.

Vim a entender que a socialização tinha me alienado (e à maioria dos adultos) da ordem natural, caracterizada pela expressão livre e espontânea; minha filhinha, no entanto, não se sentia separada das *coisas tais quais são.*

Mas essas percepções pareciam mais poéticas do que práticas, e certo dia, num súbito momento, a peça final se encaixou. Eu tomava um banho quente, fruindo o jato d'água relaxante. Meus pensamentos estavam serenos. Então, vinda do nada, uma idéia tomou conta de mim, deixando-me estupefato: "As leis da natureza também dizem respeito à mente e às emoções!" Isso pode não parecer uma grande descoberta para vocês, mas o efeito que teve sobre mim foi grande.

Perceber que as leis da natureza dizem respeito também à psique humana, que é inseparável do corpo, fez para mim toda a diferença. Meu mundo passou por uma revolução; a partir desse momento, eu não mais consideraria os princípios do meu treinamento algo puramente físico; eu os veria como um desafio psico-físico. Meu modo de ver o mundo se modificou; antes, eu considerava o mundo e o meu corpo coisas físicas; a partir daquele momento, eles passaram a dançar num domínio de energia fluida, tornando-se um movimento de forças mais sutis. Esse novo modo de considerar as coisas reafirmou o meu vínculo essencial com as leis da natureza. Meu treinamento interior começara.

Restava pôr essa compreensão em uso — aplicá-la a uma nova maneira de treinamento — a fim de redespertar minhas capacidades inatas para que os frutos do treinamento se estendessem à vida cotidiana. O treinamento se tornou um modo de vida. O jogo do atletismo se transformou num perfeito modelo para o Jogo da Vida.

Os sábios chineses, quando se referiam ao Rio da Vida, à existência delicada e efêmera da borboleta ou ao inclinar-se das árvores ao sabor do vento, estavam pintando quadros, elaborando metáforas que apontavam para as leis naturais, a fonte de toda a sabedoria humana. Todos os grandes mestres têm indicado a mesma coisa: que desenvolver a personalidade se traduz em integrar a sabedoria da nossa experiência de vida às leis da natureza, bem como à inocência perspicaz da infância.

Ao buscar uma maneira natural de treinar, pretendi estar em harmonia com as lições e leis da natureza a seguir:

Princípio 1: Não-resistência

Há quatro maneiras de nos relacionarmos com as forças da vida:

- Render-nos a elas fatalisticamente. As pedras, por serem inanimadas, não têm escolha além de se renderem passivamente às leis naturais.
- Ignorá-las e, na ignorância, sofrer acidentes. As criaturas às quais falta a perspectiva humana são relativamente impotentes em sua ignorância, sendo guiadas apenas pelo mero instinto.
- Resistir-lhes e criar o desassossego. Tendemos a resistir ao fluxo natural da vida ou a combatê-lo. A resistência desperdiça energia e dá origem a vários sintomas de mal-estar.
- Fazer uso delas e fundir-nos com a natureza. Tal como pássaros que voam ao sabor do vento, os peixes que nadam a favor da corrente ou o bambu que se inclina para absorver o peso da neve que cai, podemos *usar* as forças da natureza. Eis o verdadeiro sentido da não-resistência. A lei natural tem sido expressa de muitas maneiras: "Não Apresse o Rio"; "Siga a Corrente"; "Quando a Vida lhe Der Limões, Faça uma Limonada"; "Transforme os Problemas em Oportunidades e os Obstáculos em Degraus".

Os atletas interiores, nos dias em que o progresso físico deixa a desejar, aproveitam ao máximo o tempo ao trabalhar com os problemas mentais e emocionais que surgem.

A não-resistência é, portanto, mais do que passividade amorfa. Seguir o curso natural da vida e usar todas as oportunidades que aparecerem é algo que exige grande sensibilidade e inteligência.

As prioridades do atleta interior tornam as realizações exteriores menos importantes do que as transformações interiores e a harmonia com a lei natural.

FUSÃO

O princípio da não-colisão das artes marciais

Teste 1. Ponha-se de pé, em equilíbrio, diante de um amigo. Tensione o corpo. Peça ao amigo que o empurre com uma das mãos enquanto você resiste. Qual a sensação? O que acontece? É provável que você sinta a oposição e a perda de equilíbrio ou de controle enquanto o amigo o empurra para trás.

Da próxima vez que ele o empurrar, dê um pequeno passo para trás sob controle; simplesmente, deixe o seu corpo se inclinar para trás na mesma velocidade com que o seu amigo o empurra — não resista. Qual a sensação? Você sente a cooperação ou a harmonia que criou? Por estar concentrado e no controle da situação, você pode "permitir" que o seu parceiro vá até onde ele "quiser" ir.

Teste 2. Fique de pé com a perna e o braço direitos estendidos na direção do seu amigo, com ambos os pés levemente apoiados no chão. Respire lentamente na parte inferior do abdômen; relaxe. Continue criando uma sensação de paz e de boa vontade. Enquanto se mantém nesse estado de espírito, faça que seu amigo se aproxime rapidamente de você numa distância de aproximadamente três metros, com a intenção de pegar a sua mão direita, que está estendida na direção dele, na altura dos quadris.

No momento em que o seu amigo estiver prestes a pegar a sua mão, gire ao redor e para trás dele dando delicadamente um passo rápido, ligeiramente ao lado e para além do seu amigo, enquanto ele passa por você, tentando pegar você pelo braço, que já não está ali. Se você fizer isso com suavidade, encarando o amigo enquanto gira, o seu equilíbrio e controle serão mantidos, enquanto o seu amigo estará prestes a perder o equilíbrio.

Teste 3. Essa abordagem do aikidô também pode ser aplicada a possíveis discussões. Nessas ocasiões, em vez do ataque verbal — tentando provar algo que diz, ganhar uma discussão, vencer o outro com a razão —, apenas se ponha à parte da luta.

Simplesmente escute, escute de verdade o que diz o seu oponente; reconheça o valor do que ele diz. Então, pergunte delicadamente se não haverá algum valor também na sua opinião. Assim, você pode aprender a fundir-se e a usar a não-resistência não apenas com "atacantes" como também com todos os pequenos problemas e situações difíceis da vida. Lembre-se de que você é quem cria as batalhas da sua vida; você cria os embates. Você pode acabar com a luta por meio da não-resistência.

Os jogadores de golfe interiores, por exemplo, fazem uso intuitivo do vento, da direção em que a grama cresce, da umidade do ar e da topografia do terreno. Eles usam a gravidade ao deixar que o taco oscile num ritmo natural e relaxado. Os ginastas interiores aprendem a fundir-se com as forças e com as circunstâncias peculiares do seu ambiente. Os tenistas interiores aprendem a usar a textura da quadra a seu favor. "Conquistar" é o oposto da não-resistência; a mente combativa projeta sua própria agitação no mundo.

Na vida cotidiana, as pessoas que resistem à mudança também inibem o crescimento. Bob Dylan nos lembrou de que as pessoas que não estão ocupadas em nascer estão ocupadas em morrer.

O que uma lagarta chama de fim do mundo
o mestre chama de borboleta.

— Richard Bach

Os atletas interiores dissolveram todo pensamento de resistência. Eles vêem os oponentes como mestres ou companheiros de treinos que os desafiam a dar o máximo de si, e eles fazem o mesmo pelos seus oponentes.

Mediante a não-resistência, os movimentos dos oponentes podem ser usados em nosso favor. Esse princípio é bem conhecido nas artes marciais do judô, do tai-chi e do aikidô. "Se empurrado, puxe; se puxado, empurre." Valha-se da suavidade diante da dureza — absorvendo, neutralizando e redirecionando a força. Use essa abordagem na vida cotidiana.

Não-resistência: Aplicações psicofísicas

No judô, aquele que pensa é imediatamente derrubado.
A vitória está assegurada aos que são física
e mentalmente não-resistentes.

— Robert Linssen

A tensão acontece quando a mente resiste às coisas. A maioria de nós tende a apressar o rio da vida ou a resistir-lhe, a combater as circunstâncias em vez de fazer uso das coisas *tais como são.* A resistência instala a turbulência, que sentimos como tensão física, mental e emocional. A tensão é uma dor súbita que, como todas as outras dores, indica que algo está errado. Quando está fora do seu padrão natural, você sente essa tensão. Escutando o seu corpo, você pode assumir a responsabilidade pela turbulência da sua vida em vez de culpar as circunstâncias ou os outros pelos seus dissabores.

Os atletas resistem comumente aos processos naturais ao *tentar.* A própria palavra "tentar" implica uma fraqueza diante do desafio. No momento em que tentamos, já estamos tensos; por conseguinte, tentar é uma das principais causas do erro. Em ações mais naturais, deixamos de tentar. Caminhamos simplesmente até a geladeira, escrevemos uma carta ou regamos as flores; não temos de tentar fazer essas coisas, que realizamos com facilidade e com naturalidade. Porém, quando nos vemos diante de algo que consideramos um importante desafio — quando surge a dúvida com relação a nós mesmos —, começamos a *tentar.*

Quando se sentem sob pressão e começam a tentar, os competidores costumam fracassar. Chuang Tzu, um sábio chinês, observou que, "quando atira por prazer, o arqueiro detém toda a sua habilidade; quando atira para ganhar uma medalha de bronze, ele fica nervoso; quando atira por uma medalha de ouro, ele começa a ver dois alvos".

Para exemplificar o efeito das tentativas com demasiado afinco, peço-lhe que se imagine caminhando sobre uma prancha de madeira de aproximadamente dez centímetros de espessura suspensa uns poucos centímetros acima do solo. Nenhum problema, não é? Agora, transporte o pedaço de madeira para uma altura de três metros sobre um poço cheio de jacarés. De repente, você começa a tentar com mais afinco. Você fica tenso. O pedaço de madeira é o mesmo, mas temos *um estado mental diferente.*

Sempre que começamos a *tentar* alguma coisa, criamos uma oposição interior àquilo que queremos realizar. Você pode medir essa oposição em sua própria fisiologia; quando tenta manter o braço estendido, você acaba tensionando tanto os músculos extensores (tríceps) como os músculos flexores (bíceps); você luta contra si mesmo. Os atletas que *tentam* se alongar podem sentir os músculos retesando-se em resistência. Pessoas que *tentam* fazer dieta apenas ficam com mais vontade de comer — ou recuperam o que perdem. Jogadores de golfe que *tentam* fazer a bola saltar acabam apenas fazendo com que ela se perca.

Os atletas interiores reconhecem que menos esforço pode produzir mais resultados. Mesmo enquanto estão intensamente envolvidos numa competição, eles têm o bom senso de "deixar que as coisas aconteçam" sem nada pressionar. Isso pode parecer fantasia idealista, mas inúmeras descrições da vida e dos duelos de mestres das artes marciais testemunham a existência desse tipo de graça sob pressão. Quanto mais difícil o desafio, tanto mais calmos, lúcidos e relaxados esses mestres ficam, tornando-se imbatíveis — guerreiros pacíficos como Morihei Ueshiba, o fundador do aikidô, que, com mais de oitenta anos de idade, se esquivava com facilidade de um atacante que brandia uma afiadíssima espada, dando um golpe no nariz do atacante enquanto sorria, relaxado, respirando fundo.

O dr. John Douillard, em seu programa em fita de vídeo *Invincible Athletics,* explica a eficácia do uso de uma abordagem relaxada do treinamento em oposição a ciclos crônicos de fadiga intensa seguida pela recuperação.

Os atletas interiores seguem uma abordagem fácil, relaxada e naturalmente progressiva enquanto atuam no auge da sua esfera de bem-estar, mas sem abandoná-lo. Assim, eles fazem do treinamento um prazer, atingindo uma espécie de "força total" não só em raros momentos culminantes, mas durante todo o treinamento. Eles evitam a resistência ou o desgaste interior que acompanha uma abordagem marcada pela tensão.

Se quiser que uma criança o siga, por exemplo, pegue-a amorosamente pela mão e puxe-a muito suave e delicadamente. A criança vai fluir. Se você der um súbito puxão, a criança vai se inclinar na direção oposta. Nosso subconsciente também trabalha assim. E como é ele que nos dá energia vital, parece melhor, a longo prazo, que nos motivemos antes com a cenoura do que com a vara.

Se você joga golfe, não *tente* atingir a bola, apenas *deixe* que o taco oscile. Se você é um ginasta, formule a intenção e *deixe* que o corpo faça piruetas. Se você joga basquete, permita que a bola caia na cesta. Na vida, procure alvos claros, prepare-se e, então, deixe que as coisas aconteçam naturalmente, no seu momento próprio.

Todo broto de bambu "sabe" como se inclinar com o vento, mas os atletas interiores sabem como enfrentar furacões. Quando compreende o espírito da não-resistência, você cria uma parceria com a natureza e dá o primeiro passo no caminho que leva ao atleta interior.

Princípio 2: Acomodação

A vida nunca foi concebida como uma luta; apenas como um progresso tranqüilo de um ponto para outro, assemelhando-se muito a uma caminhada num vale num dia ensolarado.

— Stuart Wilde

Examinemos com atenção alguns pontos essenciais do processo de aprendizagem:

- *A ginástica, assim como a vida, desenvolve aquilo que se exige.* O desenvolvimento é diretamente proporcional à exigência. Sem exigência, não há desenvolvimento. Com pouca exigência, há pouco desenvolvimento; com uma exigência imprópria, há um desenvolvimento impróprio.
- *A exigência requer motivação.* Sem motivação interior para dar força a uma exigência, não pode haver reação persistente.
- *A motivação requer sentido.* O fator motivador corresponde aos seus valores na vida; ele tem de oferecer um aperfeiçoamento ou benefício que você almeja.
- *A exigência assume a forma de uma sobrecarga progressiva.* Ao exigir repetida e constantemente de si mesmo um pouco mais do que aquilo que você consegue sem esforço, um pouco mais do que você é capaz de dar, você se aperfeiçoa.
- *A sobrecarga progressiva ocorre em pequenos aumentos contidos na sua esfera de bem-estar.* Você precisa aumentar a sua esfera de bem-estar, mas não ignorá-la. A maioria dos atletas trabalha constantemente fora dessa esfera e, por isso, sente extremos de fadiga, de desgaste e até de dor. Mantendo-se no âmbito (mas perto do máximo) da sua própria zona de conforto, os atletas interiores demoram mais tempo para se aperfeiçoar, mas se aperfeiçoam por mais tempo.
- *O desenvolvimento (por meio da sobrecarga progressiva) exige que se tolerem os fracassos.* O desenvolvimento envolve inevitavelmente uma série constante de "pequenos fracassos" ao longo do caminho para seus objetivos máximos.
- *Tolerar os fracassos é uma atitude advinda de uma apreensão intuitiva do processo natural de aprendizagem.* Expectativas não-realistas pro-

duzem um atleta frustrado; o realismo cria a paciência. Compreendendo as leis naturais, você desenvolve uma abordagem tranqüila e realista dos fracassos temporários, passando a vê-los como degraus para um progresso inevitável.

O treinamento desenvolve você, passo a passo, por meio do aumento gradual da exigência. Se lhe forem feitas exigências realistas e graduais, o corpo se desenvolverá. Se se fizerem exigências igualmente progressivas à mente e às emoções, estas também se desenvolverão de maneira apropriada.

No âmbito da sua capacidade natural, o organismo humano se adapta às exigências que lhe são feitas. Esse processo de acomodação reflete uma lei que tem permitido aos seres humanos a evolução e a sobrevivência ao longo do tempo.

Mesmo as pedras estão sujeitas à lei da acomodação. Se você desbastar uma pedra com uma ferramenta, aos poucos a pedra vai mudando de forma. Mas se você lapidar rápido demais, ela pode partir-se. A exigência gradual de mudança, respeitada a atual capacidade de mudança, é o que dá os resultados mais seguros. Escalar uma montanha é algo que se faz melhor dando pequenos passos; se você tentar fazer isso dando grandes saltos, o resultado pode ser contraproducente.

Dentre as frases que tenho repetido a muitos atletas e pessoas em todos os estágios da vida, esta é uma das que costumo repetir: "Confie no processo do seu treinamento; confie no processo da sua vida." No quadro mais amplo, não há erros, mas apenas lições. Aprendamos com todos os desafios, com todos os sucessos, com todos os fracassos.

Acomodação: Aplicação psicofísica

Muitos de nós estão de tal modo orientados para o alvo que se esquecem de apreciar a caminhada. Lembro-me de uma antiga maldição chinesa: "Que você possa alcançar todos os seus objetivos." O paradoxo está no fato de que, se aproveitarmos o processo de lutar pelos nossos objetivos, teremos mais probabilidades de alcançá-los e de descobrir por nós mesmos que chegar lá é mais do que a metade da diversão.

A acomodação é uma lei tão certa quanto a lei da gravidade. Contudo, quase todos nós não confiamos nela porque temos dúvidas a respeito de nós mesmos ou por causa da confusão. Podemos nos perguntar "Poderei de fato ser bom nisso?" "Serei capaz de atingir a minha meta?" "Serei bem-sucedido?" Essas perguntas só geram tensão e reduzem a motivação. Em vez de formulá-las, seja resoluto. Perceba que o progresso é mecânico: se praticar algo ao longo do tempo com atenção e com o compromisso de se aperfeiçoar, você vai consegui-lo. Algumas pessoas podem ser dotadas de uma combinação peculiar de

A PROVA DA ADEQUAÇÃO

Eis uma maneira simples de ver o funcionamento da lei da acomodação. Escolha uma ação física que, no momento, esteja além do seu alcance. Pode ser uma bola de efeito, um lançamento, um arremesso, sentar-se no chão com as pernas estendidas à frente do corpo e tocar os pés, correr no mesmo lugar por cinco minutos sem se cansar.

Depois de escolher a sua façanha, procure realizá-la várias vezes pela manhã e outra vez à noite. Faça isso *todos os dias*. Cada vez que o fizer, você estará pedindo ao seu corpo que mude. Peça com polidez — não exagere. Mas seja constante.

Não determine metas nem limites de tempo, e não especifique o número de repetições a fazer a cada dia. (Alguns dias você pode querer fazer um pouco mais; outros dias, menos.)

Pratique por um mês e veja o que acontece. Sem realmente tentar, você vai descobrir que o seu corpo está atendendo ao seu "pedido educado".

Use essa mesma abordagem para toda mudança que você gostaria de fazer em sua vida. Alcançar o alvo requer apenas um pouco de tempo e de persistência. O corpo vai se adaptar. Confie no processo; peça e lhe será dado.

qualidades psicológicas, emocionais e genéticas que as leve ao primeiro time, mas *qualquer pessoa* que pratica por um dado tempo pode tornar-se competente, e até especializar-se, em todo empreendimento que escolher.

A aplicação da lei da acomodação enseja novos níveis de confiança, de responsabilidade e de compromisso; sabemos plenamente que o nosso êxito depende das exigências que estamos dispostos a fazer a nós mesmos. De igual forma, adquirimos um sentido de lucidez e de segurança interior, porque *sabemos* que, se decidirmos fazer algo que está ao nosso alcance, teremos sucesso. Se não nos perguntamos se uma pedra empurrada por nós vai cair no chão, por que deveríamos duvidar do nosso eventual sucesso?

Princípio 3: Equilíbrio

Todo atleta reconhece a necessidade do equilíbrio. Mas o equilíbrio é muito mais do que certo sentido de firmeza; ele é um Grande Princípio que molda todos os aspectos do nosso corpo, da nossa mente, do nosso treinamento e da nossa vida. Chamo-o de Regra de Ouro: "Nem de mais nem de menos."

Os atletas interiores, que se orientam de modo natural para o equilíbrio, não se movem nem rápido demais nem com demasiada lentidão, nem demais para um lado nem para o outro; eles não são nem demasiado ativos nem passivos em demasia; não sobem nem descem demais.

O equilíbrio determina o ritmo, a sincronia e a precisão apropriados de que dependem os atletas. O próprio corpo humano depende de um delicado equilíbrio de química sangüínea e de temperatura corporal; ele não tem de respirar rápido demais nem muito lentamente; não tem de se desenvolver num corpo nem gordo demais nem magro demais, nem demasiado musculoso nem por demais mirrado. Até mesmo a nossa ingestão de água e de nutrientes essenciais tem de ser equilibrada. Para toda parte que olhamos, podemos ver a ação da lei do equilíbrio.

A lei do equilíbrio é o reconhecimento das limitações naturais. É claro que é possível ultrapassar as fronteiras determinadas por essa lei, assim como podemos resistir temporariamente às outras leis naturais; porém, a longo prazo, pagamos um preço inevitável: o princípio da ação-reação acaba por agir, as chances estão "com a casa".

Usando esse princípio no nosso treinamento, quando estamos equilibrados, ficamos imunes à impaciência e à frustração porque reconhecemos que para cada "ponto alto" haverá naturalmente um "ponto baixo" — e vice-versa. Seria inteiramente fantasioso esperar apenas "pontos altos". ("Ter tudo de uma vez" é como tentar se alimentar uma vez só e nunca mais.)

O nosso progresso na vida tende a consistir em dois passos para a frente e um para trás. Em alguns dias, estamos cheios de vitalidade, em outros não. Ganhamos alguns e perdemos alguns. Quando se percebe isso, mesmo quando o treinamento apresenta seus altos e baixos, a nossa mente e as nossas emoções se mantêm em equilíbrio, e o nosso espírito continua elevado, atraído pela sabedoria superior da lei do equilíbrio.

Equilíbrio: Aplicações psicofísicas

À medida que fica mais claro que o mundo — e o nosso treinamento — envolve necessariamente o corpo, a mente e as emoções, o equilíbrio assume um significado cada vez mais profundo, porque começamos a ver que os sintomas físicos são sintomas de padrões mentais e emocionais desequilibrados. Quando nos sentimos fisicamente mal,

SEU EQUILÍBRIO MENTE-CORPO

Teste 1. Supondo que você esteja relativamente calmo e feliz agora, levante-se e equilibre o corpo apoiando-se numa perna. (Se for fácil para você, faça-o de olhos fechados.) Procure mentalmente memorizar o aspecto fácil relativo a esse ato.

Espere até o momento em que se sentir incomodado — irritado, tristonho, medroso ou distraído — ou estiver pensando numa dificuldade atual de sua vida, e faça esse mesmo teste de equilíbrio. Você vai perceber que uma de duas coisas vai se passar: se você estiver "pensando no que o incomoda", seu equilíbrio facilmente se perderá. Se você estiver "pensando no seu equilíbrio", você vai perder de vista aquilo que o perturba. O equilíbrio físico e a perturbação emocional são como fogo e água: eles não se misturam.

Teste 2. Também podemos obter o controle de um desequilíbrio corporal, mental ou emocional fazendo deliberadamente alguma coisa desequilibrada, a fim de ver o desequilíbrio com clareza e de controlá-lo.

Para exemplificar: da próxima vez que praticar algum jogo, passe alguns minutos deliberadamente desequilibrado, volte a equilibrar-se, desequilibre-se novamente e volte a recuperar o equilíbrio. Você vai perceber uma melhoria no seu desempenho.

Se você tem demasiada tendência a agir de uma dada maneira, veja se consegue agir da maneira contrária. Se, por exemplo, você é muito tímido quando joga, tente ser muito agressivo. Se você tende a dar o saque no tênis no lado direito, esforce-se para lançar a bola no lado esquerdo.

Fazer isso vai fazer com que você se sinta desconfortável, como se estivesse com uma roupa apertada; mesmo assim, isso vai fazer-lhe muito bem, porque, quando joga com ambos os lados, você pode encontrar o meio e recuperar o equilíbrio. No Capítulo 7, dou mais pormenores sobre esse valioso método de alcançar o equilíbrio.

perguntamos: "O que está havendo com a minha mente e com as minhas emoções?"

A palavra "centralizado" é útil para descrever um estado de equilíbrio tanto interior como exterior — um estado de equanimidade física, mental e emocional simultânea. Na realidade, os três centros apresentam entre si um vínculo tal que certo desequilíbrio num deles afeta os outros. O praticante de artes marciais sabe que, se a pessoa estiver mentalmente distraída ou emocionalmente perturbada, ela pode ser vencida com muita facilidade.

Examine os testes a seguir para descobrir por si mesmo os usos — e abusos — do equilíbrio.

Princípio 4: Ordem natural

A ordem natural se encarrega do desenvolvimento progressivo ao longo do tempo. Na natureza, uma estação se segue à outra sem pressa, na seqüência correta. Uma árvore nasce de uma semente, assim como um adulto de uma criança. O desenvolvimento progressivo não se dá da frente para trás, nem se pode apressar o processo; ele segue o relógio da ordem natural das coisas.

Só o ser humano se apressa. Nossa mente corre mais rápido do que a vida. Ignorando a lei da ordem natural, estabelecemos metas temporais para nós mesmos e corremos para atingir esses objetivos arbitrários. É verdade que temos de contar com algumas metas, que são algo essencial para o movimento na vida. Sem elas, não sairíamos da cama pela manhã. Contudo, não deveríamos tentar impor metas rígidas no *tempo*. Esses prazos são irreais, pois não nos é dado prever o futuro. Quanto mais longo o prazo determinado para as nossas metas, tanto menos realistas serão estas últimas; podemos prever o rumo do nosso progresso, mas não o seu ritmo. A vida reserva demasiadas surpresas e traz em si um número grande demais de mudanças para que possamos nos pôr no lugar da ordem natural das coisas.

O progresso é uma função tanto do tempo como da intensidade. Você pode gastar menos tempo e usar mais intensidade, ou gastar mais tempo e usar menos intensidade. Tem de haver equilíbrio entre os dois.

Se treinarmos em excesso, poderemos ter a impressão de progredir mais rápido, e até mesmo ter um curto tempo de glória. Porém, no final, passaremos pela experiência de uma conseqüência natural de uma vida desequilibrada: o desgaste.

Quaisquer que sejam os ciclos por que passarmos, pouco importa o nosso ritmo; é melhor confiar na ordem natural — aproveitar cada dia, venha o que vier, com toda a energia e humor que pudermos reunir. O humor é um bom sinal de que temos uma perspectiva equilibrada. Afinal, por mais sublimes que sejam as nossas aspirações ou realizações como atletas, continuamos a ser eternamente diminutos grãos de pó no grande universo; errar um arremesso ou cometer dupla falta na hora do serviço dificilmente abalará o cosmos.

Ordem natural: Aplicações psicofísicas

Todos provavelmente já pensaram, num ou noutro momento: "Eu deveria fazer isso melhor; eu deveria conseguir as coisas com mais rapidez." Isso costuma indicar que esquecemos a lei da ordem natural. Tal como a palavra "tentar", a palavra "deveria" não preocupa muito o atleta natural. "Deveria" implica insatisfação com as coisas tais como são. Trata-se da contradição máxima do alicerce frágil da neurose. Seu tempo é demasiado valioso para ser gasto especulando sobre coisas que não existem.

Claro que o treinamento pode ser "intenso" ou "fácil" demais, dependendo da sua capacidade. Como treinador, sempre organizo um programa como um fundamento geral, esperando que os atletas sob minha orientação o modifiquem de acordo com suas capacidades. Eles precisam confiar mais no seu sentido interior do que num programa exterior.

A expressão da nossa harmonia com a lei da ordem natural é o nosso nível de bem-estar e de alegria durante o processo do treinamento. É certo que temos bons e maus dias, mas, de modo geral, se exigirmos demais de nós por muito tempo, poderemos perder o sentido original de alegria que tínhamos quando iniciantes.

Uma nadadora olímpica afirmou publicamente que ficaria contente quando as Olimpíadas acabassem para que ela nunca mais tivesse de olhar outra piscina. Você pode imaginar essa mesma atitude com relação à vida? "Consegui a glória, mas mal posso esperar que ela acabe." Assim como treinamos, vivemos; assim como aprendemos a viver, treinamos. Examinando um desses aspectos, passamos a compreender o outro.

Não podemos escapar às conseqüências das leis da natureza. Não há cartões amarelos nem vermelhos, mas os "infratores" das leis da natureza criam a sua própria prisão.

Que a sua vida conserve o equilíbrio entre o prazer e a dor. Torne-se sensível à ordem natural das coisas. Pratique a não-resistência ao fazer uso de tudo o que encontrar em seu caminho, na sua jornada. Siga um processo passo a passo e confie no que aparecer à sua frente. Trabalhando no âmbito da lei natural, você não só se descobrirá a si mesmo como terá considerável êxito no que fizer, além de aproveitar mais a vida a cada ano.

A harmonia com as leis naturais nos proporciona as primeiras chaves da liberdade atlética. Nos próximos capítulos, você aprenderá a usar esses quatro grandes princípios para superar crenças que limitam a idéia que você tem de si mesmo, bloqueios emocionais e para desenvolver o seu talento interior e exterior — tudo isso como preparação para você escalar a montanha.

2
O poder da concentração

A vida é uma Grande Escola, e a natureza, o mestre essencial, mas sem concentração não podemos ouvir o mestre. A concentração transforma as lições da vida em sabedoria; ela pode traduzir circunstâncias e acontecimentos confusos em conhecimento útil. A concentração é, pois, a base de todo aprendizado.

Aprender é atender a uma exigência do desenvolvimento — fazer algo que não se podia fazer antes. Logo, o processo de aprendizagem envolve erros. Os erros não são o problema; ignorá-los ou entendê-los erroneamente *é* o problema. Para corrigir um erro, você tem de percebê-lo *plenamente,* quando você o *faz*, o erro está inevitavelmente em vias de ser corrigido.

A maneira comum de avaliar o seu progresso nas atividades esportivas é a observação dos resultados. Em outras palavras, se você ganha a partida, acerta o buraco, atinge o alvo, tudo parece bem; mas se perde a partida ou a bola vai parar no meio do mato, você sabe que *algo* está errado. A concentração pode traduzir esse "algo" em coisas específicas.

A maioria dos problemas definidos com precisão já está parcialmente resolvida.

— Harry Lorayne

Se a concentração fosse simplesmente intelectual, os bebês não poderiam aprender. Há nela mais do que entendimento conceitual. A concentração é uma espécie de sensibilidade do corpo inteiro, à qual se chega por meio da experiência direta. Tentar desenvolver uma aptidão sem total concentração é como tentar fixar um selo sem cola — ele simplesmente não gruda.

Tanto na vida como no treinamento, os erros nos acompanham. Pode-se dizer que desenvolver de maneira nova alguma aptidão é um processo que envolve a correção dos erros até o ponto de eles não mais impedirem que se atinja determinado objetivo. Há erros até mesmo no programa espacial da NASA, mas eles foram reduzidos a um nível quase imperceptível de tolerância. Até mesmo a rotina dos "10 melhores" ginastas olímpicos apresenta erros, mas eles são pequenos o bastante para serem considerados irrelevantes. Os erros menores fazem o especialista.

Claro que é desejável que conheçamos nossos pontos fortes e fracos. Conhecer os pontos fortes traz confiança, inspiração, motivação e satisfação. Mas só ter consciência das fraquezas nos permite fortalecer os elos fracos e aperfeiçoar de modo coerente a nossa condição.

Concentração, desilusão e sucesso

A concentração cura, mas nem sempre é agradável. Pelo contrário, o desenvolvimento da concentração pode parecer um processo frustrante. Nos primeiros meses do meu treinamento em aikidô, fiquei muito desiludido. A arte marcial fluida do aikidô exige o relaxamento no movimento, mesmo quando se é atacado. Diante dessa exigência de relaxamento, comecei a sentir muita tensão nos ombros. No início, pensei que o aikidô estava "me deixando" tenso, mas, aos poucos, percebi que eu apenas começava a ter consciência, pela primeira vez, da tensão que sempre estivera comigo.

Os calouros da equipe de ginástica de Stanford que passam por esse processo de percepção, de concentração e de desilusão às vezes se sentem frustrados e dizem a mim, seu técnico, como "costumavam ser melhores no colégio" e que estão "em decadência". Fiquei preocupado com isso — até ver filmes em que era possível avaliar o desempenho deles no ano anterior e perceber que eles tinham claramente melhorado de modo radical. Eles simplesmente tinham elevado os seus padrões, passando a ter mais consciência dos erros do que no ano anterior.

Um sinal seguro de que a sua concentração está aumentando é o fato de você se sentir como se estivesse "piorando". A concentração no esporte, nos relacionamentos, em toda aprendizagem, costuma envolver uma queda momentânea da auto-estima, uma mancha na imagem que temos de nós mesmos. Portanto, devido a mecanismos de defesa arraigados, a maioria de nós tende a resistir ao aumento da concentração.

É importante compreender e levar em consideração essa resistência interior à concentração para se poder evitar o desânimo e a frustração que já levaram alguns atletas a desistir de um esporte apropriado quando começavam a alcançar a excelência, porque eles imaginavam que estavam "piorando".

Sensibilidade do corpo todo

A maioria dos atletas tem a coragem de perceber e de superar erros físicos, de modo que um aspecto de si mesmos se desenvolve. A maneira de agir do atleta interior é, no entanto, aumentar a sensibilidade com relação aos erros na mente, no corpo e nas emoções. Para fazê-lo, temos de estar dispostos a "perder a pose", a nos ver momentaneamente sob uma luz menos lisonjeira do que gostaríamos. *Todos* temos características mentais, emocionais e físicas advindas da infância que são impróprias, imaturas e francamente tolas. Na maioria das pessoas, essas características continuam inconscientes, vindo à tona temporariamente em épocas de problemas, de pressão ou de crises. A sensibilidade de corpo inteiro é como a luz do sol acima de um poço escuro. Só vemos os pequenos demônios que ali espreitam quando a luz da consciência brilha diretamente acima da nossa cabeça; a partir de então, damo-nos conta de todas as qualidades não desenvolvidas de nós mesmos e adquirimos a humildade e a compaixão.

Se resistimos a ver um pouco as fraquezas físicas, resistimos *muito* a ter consciência das fraquezas mentais e emocionais. Há para isso duas razões muito plausíveis: em primeiro lugar, *é mais fácil perceber os erros físicos*. Os resultados estão num nível evidente, bem à nossa frente. Se não conseguimos acertar a cesta, por exemplo, está muito claro que cometemos um erro. As fraquezas emocionais e mentais são mais sutis, mais difíceis de discernir. Em segundo lugar, *identificamo-nos mais com a nossa mente e com as nossas emoções do que com o nosso corpo*. E tendemos a defender aquilo com que nos identificamos. Defendemos a imagem que temos de nós mesmos, dos nossos entes queridos e dos nossos valores com muito mais ferocidade do que defendemos as coisas que consideramos diferentes de nós.

Vi certa vez numa revista uma tira mostrando um homem empurrando um carrinho de sorvete. Ele parou para ouvir um orador que fazia um sermão para uma pequena platéia. Via-se no rosto do sorveteiro certa expressão de interesse e de assentimento cada vez maior enquanto o orador dizia: "Abaixo o fascismo!... Abaixo o comunismo!... Abaixo o governo federal!... Abaixo os políticos!" De repente, a expressão do rosto do sorveteiro se tornou sombria, e ele se afastou, ofendido, murmurando alguma coisa. Parece que o orador tinha acrescentado: "Abaixo o sorvete!"

Você pode duvidar do fato de que nos identificamos com a nossa mente e com as nossas emoções (e tendemos a defendê-las mais intensamente) do que com o nosso corpo. Mas já percebeu que as pessoas se sentem mais à vontade falando dos seus problemas físicos do que de um problema emocional ou mental? Se você disser a um atleta que o seu desempenho foi insatisfatório numa dada ocasião, ele pode se mostrar um pouco ofendido; mas se você lhe disser que ele parece estúpido ou imaturo (ou seja, que demonstra fraqueza mental ou emocional), é bem provável que ele fique bem mais irritado ou na defensiva. Essa posição de defesa é o mecanismo fundamental da resistência à consciência dos erros. O atleta natural não pode permitir-se essa postura; ela constitui um ônus demasiado pesado, visto que o objetivo do atleta é tornar-se leve e livre.

Se pretende tornar-se um atleta natural, em harmonia com as leis naturais, você tem de pôr em prática o princípio da não-resistência à sensibilidade. A observação mais aguda vai detectar as fraquezas, vai deitar fora os véus da ilusão e transformar os seus erros na sensibilidade de todo o seu corpo... e em poder. As fraquezas ocultas afloram no calor da competição e do treinamento, razão pela qual a arena do atleta tem um grande potencial de desenvolvimento do corpo como um todo.

Ao compreender a nossa tendência inata de resistir a detectar nossos defeitos e fraquezas, podemos perceber por que o processo de aprendizagem para os adultos não é simples. As crianças, por outro lado, vivendo no mundo dos adultos, estão acostumadas a falhar, cometer erros é parte importante de sua vida. O que as crianças *fazem* na maior parte do tempo é cometer erros; elas fazem xixi nas calças, caem, derrubam coisas. Contudo, como não têm nada a que resistir, o desenvolvimento que implica a percepção, a prática e a correção é natural para elas. Se o fosse para nós, a aprendizagem dar-se-ia muito mais rapidamente.

O que acontece com a maioria de nós na nossa iniciativa como atletas é que temos "certa" consciência de que estamos errando, e tentamos "de certo modo", por algum tempo, corrigir isso. Entretanto, com freqüência nos sentimos momentaneamente piores quando tentamos fazer correções com base numa consciência confusa, e é por esse motivo que tendemos a voltar aos padrões habituais com que estamos acostumados.

Muitas vezes é mais fácil permanecer confuso. Um atleta submetido ao comando autoritário de um treinador, que o fazia literalmente rastejar, me relatou mais uma de uma longa série de ofensas. Quando lhe perguntei por que ele não mudava de treinador, ele respondeu, com um suspiro resignado: "Bem, pelo menos estou acostumado com este."

Nos esportes, nos relacionamentos e em outros aspectos da vida cotidiana, é comum que nos apeguemos, por essa mesma razão, a velhos hábitos — pelo menos, estamos acostumados com eles. Quanto menos flexíveis somos, quanto menos nos propusermos a correr riscos, tanto maior a probabilidade de que permaneçamos presos a velhos hábitos que já deixaram de nos servir. Há momentos em que é preciso sentir física ou emocionalmente a dor para ter consciência e para agir de modo apropriado à mudança.

E veio um momento em que o risco que correria para continuar fechado em botão era mais doloroso do que o risco que correria para se abrir.

— Anais Nin

O desenvolvimento da concentração

A concentração, tal como tudo o mais, está sujeita às leis naturais. Ela não acontece de uma vez só, mas numa ordem natural, que vai do grosseiro ao sutil. O aumento da concentração se assemelha a esculpir a imagem de si mesmo. Em primeiro lugar, você determina a forma que dar a uma pedra (sua meta). Depois, você começa a quebrar a pedra aqui e ali. Esse "talho grosseiro" é a sua consciência geral. Posteriormente, você está pronto para elaborar os pormenores e para o polimento — a consciência mais sutil.

Um exemplo da consciência geral é a percepção de que por vezes você cai acidentalmente, de que tende a ter um temperamento explosivo e a ferir as pessoas, ou de que muitas vezes se distrai e se esquece de onde está. Um exemplo de consciência sutil é a atenção que o mergulhador dispensa à posição das mãos e dos dedos mesmo durante um salto triplo, ou o controle de órgãos internos a que chegaram alguns iogues.

Uma história japonesa exemplifica o respeito pela consciência aprimorada comum em algumas culturas orientais.

> Um velho guerreiro samurai sabia que o seu tempo na terra estava perto do fim, e queria dar sua espada ao mais brilhante dos seus três filhos. Ele teve a idéia de fazer um teste.
>
> Fez com que um amigo se escondesse dentro do celeiro, acima da porta, e lhe deu três sacos de arroz. Ele pediu a cada filho que entrasse no celeiro, um de cada vez.
>
> O primeiro filho, depois que o saco de arroz lhe caiu na cabeça, pegou da espada e o cortou ao meio antes que ele chegasse ao chão.
>
> O segundo filho partiu o saco em dois antes de ele atingir-lhe a cabeça.
>
> O terceiro filho, sentindo que havia alguma coisa estranha, recusou-se a entrar no celeiro — e, assim, ganhou a espada do pai.

Podemos dizer que iniciantes são os que não aperfeiçoaram sua consciência acerca dos erros relativos a uma aptidão particular. Nesse sentido, somos todos iniciantes, porque, por mais que tenhamos realizado, há sempre novos tipos de aprimoramento para os quais ainda não desenvolvemos a consciência sutil. Em nossa escalada montanha acima, somos todos iniciantes num novo território.

A analogia de Margaret

No Obelin College, tive certa feita o prazer de treinar uma mergulhadora dedicada chamada Margaret. Seu desenvolvimento progressivo em termos de consciência na aprendizagem de um mergulho específico foi paralelo aos estágios por que todos passamos no treinamento — e na vida cotidiana.

Depois de sua primeira tentativa de mergulho, ela ignorava o que havia errado e teve de confiar inteiramente nas minhas observações.

Depois de várias tentativas, ela pôde me dizer o que fizera de forma incorreta depois de ter dado o mergulho e de os erros terem sido cometidos.

Em pouco tempo, ela começou a se dar conta dos erros durante o mergulho. Por fim, num certo momento, sua percepção se integrou no corpo, na mente e nas emoções *antes* do mergulho, e os erros foram corrigidos antes de serem cometidos. O salto foi muito bonito.

Esse exemplo tem profundas implicações para a vida cotidiana, visto que passamos pelo mesmo processo em todas as situações de aprendizagem.

Há grande diferença entre reconhecer um erro, o que se dá com uma simples explicação, e aceitar um erro como erro — uma aceitação que implica total responsabilidade pela correção desse erro. A concentração plena implica disposição para mudar, algo para que podemos não estar preparados. Um exemplo é uma jovem de uma equipe de ginástica que estava acima do peso. Ela *reconhecia* que precisava perder o excesso de gordura; ela constatou isso olhando-se no espelho. Mas precisou de um ano inteiro para tornar-se *plenamente consciente* dessa fraqueza como um *erro*. Por muito tempo, ela resistira a reconhecer o que era evidente para os seus amigos — da mesma maneira, os alcoólicos podem passar anos sem reconhecer o que é óbvio.

Assim, no atletismo ou na vida cotidiana, um erro comum tem de ser *sentido*, e não apenas reconhecido verbalmente, antes que a pessoa que comete esse erro tenha o impulso motivador para mudar.

Tive um amigo chamado Roger que nunca parava de falar; talvez falasse até enquanto dormia. Ele sabia que era um maratonista da conversa — na verdade, esse era um dos seus tópicos favoritos. Mas Roger não percebia esse hábito como um *erro* que estava afastando dele os amigos.

Os conhecidos de Roger, querendo ser tolerantes, nunca lhe diziam que ele era um grande chato. Um dia, numa festa, no meio de um dos seus monólogos favoritos, uma garota lhe disse que ele era "um chato de galochas". Ela falou que era impossível manter um diálogo com ele e chamou a atenção para o fato de que as pessoas se afastavam quando ele se aproximava.

Em princípio, Roger ficou muito irritado. Havia sido humilhado. Mas logo começou a perceber que seus rompantes de tagarelice eram um erro — depois de tê-los. Dentro de poucas semanas, começou a perceber a sua verbalização compulsiva enquanto falava. (Na verdade, começou a parecer que sua fala interminável estava ficando cada vez pior.) Com o tempo, Roger se lembrou de controlar seus rompantes antes de começar. Tornou-se um bom ouvinte — e, como na ficção, acabou casando-se com a cândida jovem.

Assim como Roger aprendeu a dominar a língua, todos podemos aprender a controlar o corpo. A concentração, a capacidade de dar ouvidos às lições que estão ao nosso redor, é a chave.

Os professores que entendem o desenvolvimento progressivo da consciência concentrada nunca precisam ser impacientes com seus alunos, porque um professor sábio se dá conta de que falar aos alunos dos seus erros é uma forma limitada de comunicação que atinge apenas a sua mente. Demora mais tempo para que a plena consciência venha a permear os três centros, dando-nos assim o impulso emocional, a lucidez e a capacidade física de mudar.

É assim que a consciência aumenta no narrador, no esquiador, no violoncelista... e em você. Perceber o desenvolvimento natural da consciência é algo que permite que você seja o seu próprio e paciente professor. Dê-se a si mesmo tempo suficiente para aprender.

Recursos de concentração

Todos já passaram por uma situação em que sabem que estão cometendo um erro, mas não sabem qual. Em situações assim, há uma economia de tempo no uso de um recurso de concentração. Apresento a seguir alguns recursos úteis.

Os outros alunos. Os erros e sucessos de outros atletas podem servir de lição e de inspiração.

Alunos menos habilidosos do que você o recordam dos próprios progressos que você fez. Quando você observa esses iniciantes se aprimorando tal como você, no passado, é-lhe possível compreender que também pode continuar a se aprimorar.

Alunos mais avançados do que você podem servir de exemplo. As crianças aprendem pelo exemplo — que é provavelmente a maneira mais natural de aprender. Atletas avançados podem inspirá-lo ao mostrar que habilidades de alto nível *estão* ao alcance de todos nós.

Observação. Nada serve tão instantaneamente e tão bem ao desenvolvimento da consciência do que ver um filme ou um vídeo com os seus próprios movimentos. Até um espelho pode ajudá-lo a tornar-se realista acerca dos seus pontos fortes e fracos.

O professor. O filme ou fita podem lhe mostrar como você se sai, mas só o professor pode apontar os erros específicos que você comete em ordem de prioridade. O professor é um recurso inteligente capaz de analisar e de transmitir informações acerca de erros e dos modos de corrigi-los.

Mais do que você, o professor já percorreu mais etapas da escalada da montanha, e pode lhe mostrar como evitar alguns dos acidentes do caminho. Ao longo da história, o professor tem sido um dos melhores recursos no aumento da consciência.

O exagero. Se não tiver acesso a filmes, a fitas ou a professores, e se quiser um atalho para alcançar a consciência, tudo o que você tem a fazer é *exagerar deliberadamente* os seus erros. Se você erra o lançamento de sua bola de golfe ou cai continuamente de um lado, faça-o pior ainda — de propósito. Isso serve a dois objetivos: em primeiro lugar, os erros se tornam evidentes e a sua consciência aumenta instantaneamente. Em segundo, os seus erros se tornam conscientes, deliberados e controlados, em vez de inconscientes. Assim, eles permitem correção bem mais fácil.

Alguns professores defendem que é preciso deixar que os alunos cometam erros, que se tenha paciência e que não haja autocrítica. Essa técnica é útil. Porém, indo além disso e repetindo deliberadamente o erro com plena consciência, você logo se verá livre dele. O *erro deliberado* já não é um erro.

3

Preparação

Se tivesse seis horas para derrubar uma árvore, eu passaria as primeiras quatro horas afiando o machado.

— Abraham Lincoln

A preparação é o principal segredo do sucesso. Se desejamos construir uma casa, fazemos bem em preparar um sólido alicerce. Cada passo do processo é importante, mas, se nos faltarem as bases, comprometemos toda a estrutura. Para ter sucesso em qualquer campo, também precisamos assentar os alicerces do corpo, da mente e das emoções.

Se não nos preparamos, arriscamo-nos a desenvolver hábitos ruins ou compensatórios. E os maus hábitos são como uma árvore alta ou como uma cama confortável: podemos até mesmo subir na árvore com facilidade, mas é provável que seja difícil descer dela; quanto à cama, uma vez instalados nela, será custoso sair. Na verdade, quase todas as dificuldades que enfrentamos na forma escolhida de treinamento podem ser atribuídas ao fato de se pularem etapas no passado — a uma fraqueza em nossos alicerces.

Campeões em todas as áreas adquiriram o hábito de fazer aquilo que os outros consideram tedioso ou desagradável.

— Anônimo

Os atletas de categoria internacional e os profissionais voltam regularmente ao básico e fortalecem seu fundamento. O motivo pelo qual passamos por tantas dificuldades em nosso treinamento é o fato de nunca nos ter sido ensinado a construir um alicerce interior baseado na mente e nas emoções; fomos direto às capacidades físicas. Por conseguinte, nunca aprendemos a aprender.

A maneira como a maioria das crianças aprende atletismo na escola equivale à pura luta pela sobrevivência darwiniana. Os professores as fazem correr até arrebentar e, no final, os sobreviventes formam o time principal; os outros são deixados para trás e, muitas vezes, nunca descobrem o seu próprio potencial.

Como reconhecem que todas as coisas da natureza têm um período de gestação e têm de passar pelos estágios próprios a fim de se formar, os atletas interiores começam com uma preparação *completa.*

A preparação completa é a um só tempo a parte mais difícil e mais importante de todo processo de aprendizagem. A preparação de uma refeição à base de legumes nas cozinhas chinesas equivale a 99% da tarefa: aquecer o recipiente até a temperatura certa, lavar e cortar em fatias finas os legumes, ter a certeza de que eles estão frescos. Depois disso, o cozimento é fácil.

Para pintar um carro, é preciso passar primeiro pelo árduo trabalho de limpeza da superfície: corrigir irregularidades, lixar, desamassar, lixar outra vez, limpar, recobrir e escovar — então — abracadabra! — a pintura é fácil. Como seria o resultado da pintura se não se preparasse primeiro, de modo adequado, a superfície? Pareceria com o atleta comum — irregular, de aparência ruim e pronto a mostrar desgaste.

Todas as obstruções que você já encontrou ou que vier a encontrar algum dia são o resultado direto da preparação insuficiente ou inadequada. Atletas que desenvolveram a força, mas que ignoraram a necessidade da suavidade, vão tentar compensar a falta de flexibilidade com mais força. A substituição pode dar a impressão de funcionar, mas o desequilíbrio resultante vai em algum momento obstruir ou comprometer a facilidade no aprendizado.

Imagine um *iceberg* flutuando no mar; a ponta visível representa as capacidades físicas que demonstramos nos treinos ou nas competições. A parcela maior do *iceberg*, que está abaixo do nível do mar/de visão, representa a preparação. Ela pode não ser visível da superfície, mas, sem ela, a parte visível emborcaria e afundaria.

Aprender é como construir uma casa. *As capacidades* são a parte visível da *estrutura superior. O talento físico* constitui o alicerce da casa. *O talento mental e emocional* — qualidades interiores como um centro constante e uma motivação estável — é o *solo* em que a casa e os alicerces estão assentados.

O alicerce de uma casa e o solo onde estão os alicerces não são muito interessantes. Ninguém passa por uma casa e diz "Puxa! Veja que alicerce de classe!" Porém, um alicerce sólido baseado na preparação interior dá a essa casa, assim como à sua carreira como atleta, vida longa.

Um treinador, que vou chamar de Ernie, desenvolveu mais atletas olímpicos do que qualquer outro que eu conheça. Seu segredo: a preparação. Ele fazia que todos os jovens atletas sob sua orientação passassem o primeiro ano de colégio desenvolvendo quase exclusivamente as qualidades que formam o talento físico.

Alguns dos seus atletas consideravam a preparação chata e desistiam. Mas os que entendiam a importância da preparação iam em frente com ela e se tornavam alguns dos melhores atletas escolares da América, procurados avidamente por muitos treinadores.

Todos gostaríamos de encontrar um atalho na escalada da montanha. Considere duas naves espaciais numa corrida para Marte. A nave espacial A decola antes muito bem, porém, em conseqüência de preparativos realizados às pressas, ela não dispõe de todo o seu combustível e faltam algumas provisões. A nave espacial B permanece parada até que sejam completados todos os preparativos, e ela decola com todo o suprimento de combustível. Em princípio, a nave espacial B parece ficar para trás. Só uma nave espacial conseguirá chegar lá e voltar: a completamente preparada para a viagem.

Determinar o curso adequado

A figura abaixo ilustra três possíveis padrões de aprendizagem. A *curva A* mostra a curva de aprendizagem realizada às pressas, aleatória e repleta de altos e baixos próprios da maioria dos atletas. Eles progridem rapidamente no início, mas, com o aumento das exigências, os pontos começam a ter uma maior influência no seu desempenho. Devido à preparação insuficiente — e à base inadequada deles — os ciclos irregulares dos atletas se ampliam, e o progresso acaba estacionando.

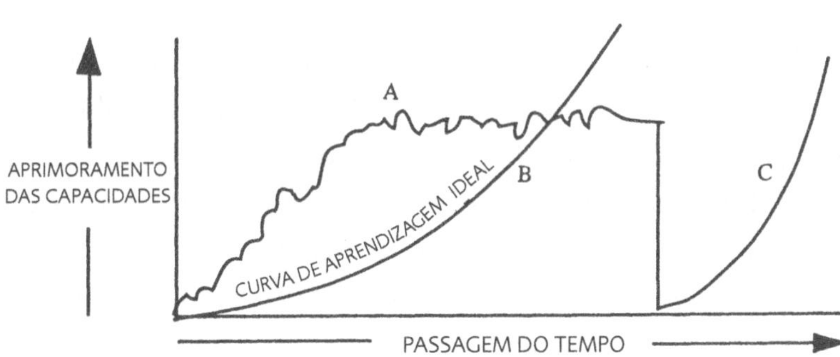

Se chegar a esse ponto, você pode começar a pensar que é "velho demais" para a atividade ou que "chegou ao limite". A motivação pode desaparecer. Você pode decidir que "outras coisas na vida são na verdade muito mais importantes" e, posteriormente, desistir.

A *curva B* é o caminho dos atletas completos. No início, eles parecem progredir com muita lentidão. A caminhada então é difícil, com poucos resultados. Esses atletas estão trabalhando "abaixo da linha d'água", desenvolvendo bases ocultas. De modo gradual mas seguro, a curva de aprendizagem começa a se elevar até que o progresso se acelera num ritmo rápido, constante e quase natural.

A *curva C* é na verdade a mais importante, pois representa uma segunda oportunidade para a maioria de nós. Se a sua preparação tiver sido insuficiente, e se você estiver parado num dado ponto, você pode reproduzir o caminho do atleta natural retrocedendo por um tempo — talvez por alguns meses — a fim de fazer o trabalho intenso de construção dos "alicerces do talento", que serão explicados plenamente nos capítulos a seguir. Permita a si mesmo progredir com bastante lentidão. Num tempo relativamente curto, o seu progresso vai voltar a se acelerar e você vai ultrapassar as suas velhas marcas.

Preparação passo a passo

Quer a sua preocupação seja a preparação física, mental ou emocional, uma abordagem passo a passo da tarefa em questão pode assegurar o sucesso. Talvez você esteja procurando resolver um problema de física; você pode estar procurando emprego ou estar querendo dar um salto mortal duplo para trás. Todas essas tarefas podem parecer difíceis. No entanto, cada uma delas pode ser decomposta numa série de pequenos passos que, juntos, representam um processo metódico gradual que leva ao objetivo final.

Faça o que puder com o que tiver à mão
onde quer que você se encontre.

— Anônimo

À medida que concentramos as nossas energias em cada um dos passos intermediários, tornamos o processo em si muito mais controlável e agradável. Quase sem perceber, vemo-nos mais perto do alvo. Qualquer coisa na vida pode ser decomposta em suas partes componentes, e, quanto mais você se acostumar com esse passo preliminar do atingimento de sua meta, tanto mais você vai se surpreender com o que é capaz de fazer.

A ilusão da dificuldade

A "dificuldade" não tem sentido absoluto; ela é relativa à sua preparação. Se você estiver preparado — se tiver desenvolvido todas as qualidades físicas, mentais e emocionais necessárias —, nada será difícil para você.

Uma experiência comum a muitos atletas é achar a aprendizagem fácil no começo e mais difícil com o passar do tempo. Essa dificuldade cada vez maior é um padrão tão corriqueiro que o aceitamos como normal. Contudo, não se trata do padrão natural; é apenas um reflexo da preparação insuficiente.

Os atletas interiores se preparam adequadamente com uma boa "base para o talento", o que torna a aprendizagem cada vez mais fácil à medida que o tempo passa.

Para evitar cair na curva A, temos de considerar as principais razões pelas quais as pessoas escolhem o que parece um atalho:

- Elas podem não avaliar devidamente a importância da preparação completa.
- Elas podem não saber em que consiste a preparação completa.
- Elas podem estar procurando às pressas os atalhos, por não terem uma imagem realista das coisas.
- Como lhes falta confiança, elas podem evitar um caminho que parece lento no princípio e que promete poucos resultados imediatos.
- Elas podem ter um professor que se enquadra numa das categorias acima.

Muitos treinadores e professores permitem ou até estimulam o emprego de atalhos a fim de "manter os alunos interessados" ou por ser "mais prático". As pressões competitivas imediatas e os prazos finais agravam a tendência a usar atalhos, mas estes nunca são aconselháveis, como o sabem os melhores professores.

Não se pode esperar que alunos iniciantes adquiram uma compreensão completa do processo de treinamento e de certas prioridades que fazem parte dele. Por conseguinte, um professor inteligente e paciente é um dos mais importantes aspectos do seu treinamento. Escolha-o com todo o cuidado.

A escolha do professor

O professor é o seu guia no decorrer do que se pode chamar de escalada da montanha. Alguns guias conhecem as partes baixas da montanha, ao passo que outros podem mostrar a você todo o caminho. Os melhores guias são os que, depois de ver todas as fraquezas que lhe são peculiares, conseguem identificar as que você apresenta; eles podem mostrar-lhe os obstáculos, mas também indicar as estradas vicinais interessantes e as belas paisagens que pontuam o caminho. Se o seu guia insistir em fazê-lo percorrer exatamente o mesmo caminho que percorreu, o conhecimento dele é limitado. Procure um guia que possa avaliar as suas qualidades e descobrir o melhor caminho para você. Um professor experiente, dotado de uma total consciência natural, pode ser o farol que irá ajudá-lo a iluminar o seu caminho.

Secundários apenas com relação aos pais, os professores que ensinaram o movimento podem exercer uma profunda influência sobre os alunos no que diz respeito à imagem que têm de si mesmos e às perspectivas com relação a sua vida. Um professor genuíno transmite lições de vida proveitosas por meio da forma do movimento. Um professor médio apenas ensina habilidades. Cuidado com os professores habilidosos, que sabem tudo, capazes de criar equipes "vencedoras", mas que, ao mesmo tempo, acabam com a liberdade da prática nos esportes.

Se puder avaliar a importância de um bom professor, escolha um para si, ou para os seus filhos, com o mesmo cuidado que teria para escolher um cirurgião. Você não iria querer ser operado por cirurgiões medíocres — mesmo que eles fossem agradáveis, que tivessem um consultório perto da sua casa ou que cobrassem um pouco menos. Entretanto, é assim que muitas pessoas escolhem professores que ensinam a pessoa a se movimentar. A descoberta de um professor superior para você ou para o seu filho compensa a pesquisa realizada, o que é um dinheiro bem empregado, visto que um professor inspirado pode ser uma influência positiva da qual as crianças (ou os adultos) vão se lembrar pelo resto da vida.

Ensinar é uma *arte da comunicação*. Se um professor possui 100 volts de conhecimento, mas só pode transmitir de fato 20 volts aos seus alunos, sua eficácia será bem menor do que a de um professor que só tenha 50 volts de conhecimento e a capacidade de transmiti-los inteiramente.

Professores que têm bons resultados em competições, em muitos campeonatos, podem ser bons recursos porque foram mais longe e porque as suas realizações podem inspirar os seus alunos, que provavelmente vão ouvi-lo com respeito e com atenção e seguir fielmente as suas orientações. Mas não se impressione com os resultados nas competições nem com uma lista de cursos especializados. "O importante não é o que os professores sabem, mas o que os seus alunos sabem; não o que os professores podem fazer, mas o que os seus alunos podem fazer."

Um bom professor pode falar a linguagem do intelecto — palavras — e comunicar-se com clareza, de modo que o aluno compreenda.

Um excelente professor pode falar a linguagem do corpo — ao mostrar aos músculos, ossos e nervos como uma atividade deve ser realizada adequadamente.

Um grande professor fala a linguagem das emoções — inspirando e motivando, bem como reacendendo o amor original pela atividade com que você começou.

O professor e mestre é capaz de fazer as três coisas.

Professores talentosos podem ser encontrados em locais inesperados. Lembre-se de que os melhores professores não se limitam a ensinar uma disciplina; eles transmitem princípios de vida por meio de uma disciplina.

A preparação de crianças: Uma observação para pais amorosos

É provável que as crianças realizem aquilo que achamos que elas vão realizar.

— Lady Bird Johnson

Quando olhamos ao nosso redor e vemos a azáfama e a balbúrdia do nosso mundo dominado pelo relógio, podemos compreender por que tendemos a nos apressar de vez em quando. Nossa agitação em busca de realização contamina as crianças, e em nenhuma área isso é mais evidente do que na ginástica infantil. É possível que dentro de pouco tempo tenhamos Campeonatos da Liga das Fraldas, e até mesmo chefes de torcida da pré-escola. Contudo, recomendo que, em vez disso, se considerem os seguintes pontos:

As brincadeiras que envolvam movimento para criancinhas (e até bebês) são maravilhosas. Elas as estimulam, as exercitam e criam o acesso, quanto a seus pequeninos corpos vitais, a um meio de fruição e de descoberta do seu relacionamento com as leis naturais. Contudo, as aptidões não são importantes para as crianças. O importante é que elas aprendam:

- A se sentir bem com o próprio corpo.
- A sentir o êxito em seus primeiros empreendimentos a partir de um começo em que lhes sejam solicitadas tarefas relativamente fáceis.
- A sentir o prazer do movimento ativo que vem da realização.
- A desenvolver confiança a partir da experiência de levar a cabo certas tarefas.

O sucesso não deve ser medido pelos objetivos nem pelas aspirações dos pais, mas pelo brilho do sorriso da criança.

As crianças precisam brincar com outras crianças, com objetos apropriados a crianças, num ambiente adaptado a crianças, cheio de cor, de tranqüilidade e de segurança. Os ferimentos, o mundo ou o sentimento de fracasso precoces podem afetar a criança por um longo tempo.

Não recomendo aulas particulares para crianças, especialmente se a mamãe ou o papai for o virtual professor. Um adulto bem-intencionado pode dar instruções pacientes e eficazes, mas o que as crianças percebem num professor particular é um adulto-modelo bem maior e infinitamente mais capaz, com relação ao qual não podem ter a esperança de imitar com sucesso. Isso pode ser muito desestimulante para uma criança. (Por outro lado, observe como as crianças se deliciam quando vêem a mamãe ou o papai se atrapalharem, ou como riem, contentes, quando você deixa que se sintam mais fortes ou mais espertas do que você.) Um bom ambiente de aprendizagem para uma criança é um pequeno grupo de outras crianças, com capacidades variadas.

A prática esportiva precoce pode ajudar a preparar a criança para um desenvolvimento mais fácil adiante; porém o ponto central deve ser uma *brincadeira* precoce que pareça boa, e não o treinamento intensivo. Também é melhor evitar a ênfase competitiva precoce.

As crianças podem começar diferentes tipos de treinamento segundo sua idade. Os principais fatores que determinam o momento de começar são o desenvolvimento dos ossos e das juntas, a capacidade de prestar atenção e o interesse natural. Se os seus filhos se interessam por alguma atividade, deixe que a experimentem, quer você tenha ou não interesse nela, e se eles estiverem dispostos a se comprometer com essa atividade pelo menos por três meses. Por outro lado, se você fizer o seu filho realizar uma atividade que só interessa a *você*, esteja preparado para uma eventual frustração.

Se seus filhos forem motivados, e se tiverem sido bem preparados, bastarão apenas quatro ou cinco anos de treinamento sério para que se aproximem do seu mais alto nível de realização. Os últimos anos de treinamento só fazem aprimorar certos aspectos e não tornarão estáveis as suas realizações. Logo, você não precisa iniciar "campeões olímpicos em botão" em longas sessões de treinamento antes de eles saírem das fraldas.

Pais que se envolvem excessivamente e que, no seu entusiasmo amoroso, querem ajudar seus menininhos "um pouco demais" podem muitas vezes fazer tanto mal quanto bem. O interesse exagerado da parte dos pais pode confundir as crianças e enfraquecer-lhes a motivação, porque elas nunca sabem ao certo se estão participando por vontade própria ou se apenas estão realizando as fantasias dos pais. Crianças sob a pressão dos pais vão sentir essa contradição interior por mais que os pais as tranqüilizem. Elas podem ter uma aguda sensibilidade com relação aos sentimentos dos pais (bem maior do que parecem ter) e descobrem com facilidade a mentira social em que podemos acreditar.

O que você pode oferecer aos seus filhos é apoio emocional e financeiro, transporte até a escola e confiança em seu processo de aprendizagem. É muito bom ir de vez em quando ver um jogo, mas, se você se preocupa demais ou se fica tomado de forte entusiasmo quando os seus filhos ganham, eles vão sentir que você fica proporcionalmente desapontado quando eles perdem.

Tenham ou não inclinação natural para esportes ativos, para a música, para as artes marciais ou para a dança, os seus filhos podem obter os benefícios de uma forma regular de treinamento — do corpo, da mente e das emoções. Sempre há alguma coisa para toda criança; cabe a cada uma delas e aos seus pais descobrir o que é apropriado para a sua personalidade.

Trate as crianças como se elas já fossem
as pessoas em que são capazes de se transformar.

— Haim Ginott

A preparação sólida e a magia do tempo ajudam tanto os adultos como as crianças a realizar o seu mais pleno potencial.

DOIS

Desenvolver o Talento

Todos têm um talento; o raro é a coragem de seguir o talento até os lugares a que ele leva.

— Erica Jong

Sempre que dei aulas num campo de ginástica, observei ginastas que praticavam diligentemente mas deparavam com obstáculos frustrantes porque não tinham desenvolvido as qualidades essenciais capazes de elevar o seu potencial e a sua facilidade de aprendizagem. Os astros do atletismo que aparecem na televisão são produtos da seleção natural, são os poucos que se elevaram acima das centenas ou milhares de pessoas que pararam em algum ponto do caminho.

Se iniciarmos uma atividade e continuarmos a praticá-la, com o tempo as qualidades necessárias ao sucesso começarão a vir à luz. Isso poderia ser a abordagem mais "natural", não fosse por um problema: todos gostam de se sentir bem-sucedidos e, por esse motivo, adoram demonstrar seus pontos fortes — assim como tendem a evitar exibir seus pontos fracos no calor da competição. Nosso padrão costumeiro é deixar que uma força numa esfera compense a fraqueza em outras. Embora possa parecer funcionar nos níveis inicial e intermediário, essa tática eventualmente fará que capacidades não desenvolvidas atrapalhem as avançadas. Mediante a ênfase em exercícios para se promover o talento no início da carreira, e antes de cada competição, poderemos assentar alicerces bem-fundados.

Desenvolvendo antes o talento, os atletas economizam muito tempo. Quando era calouro no colégio, Tom Weeden decidiu que queria ser um ginasta de alto nível e buscava conselhos de todos os treinadores que podia encontrar. Eu fui um desses treinadores, e sugeri que ele começasse a desenvolver a força, a flexibilidade, o básico, enfim, antes de se concentrar no desenvolvimento de suas capacidades — conselho que tenho dado a muitos jovens atletas. Tom teve a paciência e a sabedoria de seguir esse conselho. Ninguém ouviu falar dele por mais ou menos um ano; então, "de repente", ele "apareceu em cena", ganhando todas as competições. Tom freqüentou uma excelente universidade com uma bolsa de ginástica como um dos melhores ginastas do país.

Um sucesso da noite para o dia leva,
em geral, uns dez anos.

— Anônimo

Se estiver disposto a passar pela iniciação necessária ao desenvolvimento do seu talento, você vai se tornar um atleta natural, independentemente das limitações que imagina ter — seja qual for o aspecto do seu corpo, e mesmo que você esteja passando por uma fase ruim que já dura um ano. Todas as qualidades nasceram e estão no seu interior. Talvez você tenha de despender mais energia e passar mais tempo do que outras pessoas para fazer aflorar as qualidades adequadas, mas não há dúvida de que você tem capacidade para tanto.

Como todos compreendem intuitivamente o valor da preparação, esse conselho pode parecer óbvio. Entretanto, poucos de nós agem com base nessa compreensão, em sua pressa de desenvolver capacidades que chamem a atenção, porque a preparação não é tão animadora ou porque não sabemos como construir uma base em termos de inclinação, mental, emocional e física.

Os três capítulos a seguir proporcionam um mapa do processo de construção do talento, que se inicia com o elemento principal: a mente.

4

Talento mental

A mente lidera o corpo.

— Koichi Tohei

O golfe é 20% técnica e 90% raciocínio.

— Ben Hogan

Talvez você se lembre de uma ocasião em que esteve perdido em pensamentos. Alguém pode ter estado falando com você, e você de súbito se deu conta de que "não tinha ouvido nada". Em outra ocasião, você pode até mesmo ter passado pelo sinal vermelho sem ver. Em situações como essas, seus ouvidos estavam funcionando e os seus olhos estavam abertos, mas sua *atenção fora atraída* pelo pensamento.

A atenção pode concentrar-se em duas direções fundamentais: *para fora,* para o mundo da energia e do movimento, ou *para dentro,* para os pensamentos. Na maioria das pessoas, a atenção oscila aleatoriamente entre preocupações interiores e realidades exteriores.

Os psicóticos são um exemplo de pessoas completamente "perdidas em pensamentos". Neles, o hábito de voltar a atenção para dentro é tão comum que eles perdem a capacidade de manter contato com a realidade exterior tal como a conhecemos.

Em contraste com isso, a maioria das pessoas pode, com relativa constância, voltar a atenção para o mundo; porém, num grau menor, estamos sujeitos à mesma condição dos psicóticos. Somos distraídos por interferência na mente quando nossa atenção se afasta do presente para dirigir-se ao passado ou ao futuro.

Se se sentar numa sala tranqüila e fechar os olhos, você logo vai começar a sentir muitos estímulos sutis que em geral se encontram abaixo do limiar da consciência. Você pode sentir pequenas dores ou áreas de tensão. Vai se dar conta da sua respiração e da expansão/retração do seu diafragma e dos músculos peitorais. Vai sentir o ritmo dos batimentos cardíacos e, eventualmente, manifestações interiores mais sutis de sons e de luzes. Mas, acima de tudo, vai se dar conta do fluxo do pensamento vagando de um lado para outro.

A maioria de nós segue um padrão de atenção aleatória, oscilando continuamente entre o mundo exterior e o interior — o fluxo dos devaneios, das fantasias, das preocupações, dos planos, dos medos, da raiva, das expectativas, das tristezas, dos arrependimentos e da antecipação de situações. A mente adulta está repleta de pensamentos compulsivos e aleatórios (bem como, de modo geral, problemáticos). Pensamentos perturbadores ou emocionalmente carregados assumem a forma de ansiedade, de medo e de raiva; trata-se de pensamentos que impõem tensão ao corpo. Você pode testar a verdade disso em sua própria experiência.

O pensamento... é aquilo que prende a sua atenção interiormente.

— O. J. Simpson

Como você pode pensar e acertar ao mesmo tempo?

— Iogue Berra

Se acontece algo de que não gostamos — algo que entra em conflito com as nossas crenças, expectativas ou valores —, ficamos irritados. Não queremos ficar necessariamente, mas ficamos mesmo assim, como uma reação, não ao que aconteceu, mas aos nossos próprios pensamentos acerca do que quer que tenha estimulado a contrariedade. Outras pessoas podem não se perturbar pelo mesmo acontecimento porque têm pensamentos diferentes a seu respeito ou lhe atribuem outros valores.

Todos já vivenciamos reações de ciúme, de tristeza, de preocupação e de medo; não queremos ficar obcecados com esses pensamentos e reações, mas, mesmo assim, ficamos.

Podemos ter a impressão de que várias coisas erradas no mundo são a fonte das nossas perturbações. Porém, um exame cuidadoso dos padrões dos nossos hábitos vai nos mostrar que a fonte do nosso mal-estar é a resistência da mente às circunstâncias. Afastar pensamentos que nos distraem nem sempre é fácil.

Aluno de meditação: Sinto-me perturbado.
Professor: Você está reagindo a um pensamento passageiro. Esqueça-o.
Aluno: Parece que não consigo esquecê-lo.
Professor: Então, deixe que se vá.
Aluno: Também não consigo fazer isso.
Professor: Então, faça-o desaparecer.
Aluno: Não posso fazê-lo desaparecer!
Professor: Bem, você vai ter de se livrar dele de qualquer maneira.

EXAME DO MUNDO REAL

Faça este divertido teste: Uma porta se abre diante de você e você vê uma pia cheia de água. A tampa está colocada e a água está correndo. A água começa a transbordar. Você fecha a torneira e puxa a tampa, ou vai pegar um rodo?

Muitos atletas, e a maioria das pessoas ao enfrentar os problemas do dia-a-dia, passam muito tempo "pegando o rodo" — isto é, cuidando dos sintomas. Um exemplo disso são os casais que discutem constantemente sobre vários assuntos quando, na verdade, precisam concentrar-se numa comunicação mais eficaz. Fazê-lo poderia resolver os reais problemas.

Desenvolver as capacidades mentais supõe que se "puxe a tampa", removendo a causa essencial da turbulência emocional e da tensão física.

Uma maneira eficaz de avaliar nosso atual estado mental é compará-lo com a mente de uma criança de três meses. Os bebês armazenam muitas das impressões de movimento e de energia que percebem no mundo. Porém, como não podem falar, como não fazem associações complexas, crenças, opiniões, valores e atitudes *com relação* a essas impressões, eles não pensam muito *sobre* coisa nenhuma. Eles não filosofam, não conceituam nem teorizam. Sua atenção se concentra por inteiro no momento presente, sem fazer julgamentos nem alimentar expectativas.

Em conseqüência, as criancinhas estão relativamente livres dos medos complexos, das raivas, dos apegos, das expectativas, dos planos, dos preconceitos, de uma imagem de si mesmas e de autocríticas que caracterizam a maioria das mentes adultas. Talvez seja por isso que a Bíblia diz que temos de nos tornar como criancinhas para poder entrar no reino do céu.

Os bebês são atletas interiores em sua clareza, em sua descontração, em sua sensibilidade e em sua receptividade ao ambiente, em sua abordagem simples e direta da vida, isenta de reações ou de resistências mentais. Essas qualidades explicam não apenas sua capacidade de aprendizagem relativamente espantosa mas o seu encanto, a atração que exercem e a espontaneidade inata. Esses mesmos elementos explicam a eficiência do atleta interior.

Os atletas interiores aprenderam, no seu campo de escolha, a concentrar a atenção no que têm à mão — o próximo arremesso, o próximo saque, o próximo serviço ou outro movimento — no momento presente. Embora os pensamentos lhe ocorram e passem, a atenção do atleta interior permanece livre de distrações interiores, concentrada no aqui e agora. Também podemos pôr em prática essa faculdade, desenvolvida por meio da intensidade do treinamento específico, na vida cotidiana. *Essa "prática do momento presente" pode ser um dos maiores benefícios de toda forma de treinamento.*

As inclinações da mente afloram à medida que passamos a ter facilidade em acabar com antigos hábitos, de maneira que já não nos sentimos impelidos a dar atenção às obstruções e às limitações que constituem criações primitivas da nossa mente. Todos os padrões mentais rígidos se manifestam como tensão e sintomas físicos. Muitos atletas fazem um trabalho de superação de sintomas físicos — alongamento, relaxamento etc. — atividades úteis, porém, meros paliativos. Por exemplo, não há muito valor em fazer alongamento durante 20 minutos por dia e permitir que uma mente descontrolada gere a tensão em nosso corpo o resto do tempo. O alongamento e o relaxamento são elementos centrais do talento físico, mas, antes de usá-los, temos de tratar da fonte dos sintomas físicos.

Quando aquietamos a mente, a sinfonia começa.

— Anônimo

Todas as pessoas começam a vida como mestres do movimento, com a mente livre de significados, naturalmente felizes em sua prístina "ignorância" — até que as associações e preconceitos começam a inibir o corpo e o processo de aprendizagem. Os bebês, por exemplo, quando aprendem a ficar de pé, simplesmente se levantam e caem.

Eles não julgam o próprio desempenho nem se comparam com ninguém ("Que diabo! Que idiota que eu sou! Aposto que aquele bebê do outro lado da rua está se saindo melhor!")

Um primeiro passo na recuperação do nosso potencial inato consiste em examinar quatro obstruções que parecem atingir a maioria de nós em algum momento da vida. *São elas: a imagem limitada de si mesmo, o medo do fracasso, a autocrítica destrutiva e a falta de atenção concentrada.* As seções a seguir tratam desses bloqueios fundamentais da mente.

O autoconceito limitado

Os que acham que podem e os que acham que não podem, ambos estão certos.

— Anônimo

Profecia que se realiza por si mesma é o nome que se dá a um fenômeno psicológico comum — o fato de o nosso progresso na vida tender a acompanhar nossas expectativas. Se esperar ou acreditar que é um excepcional dançarino, que não é muito digno de amor, que é um gênio da matemática, você vai pôr em ação processos psicológicos que tendem a tornar suas expectativas verdadeiras. O seu nível de realização reflete a imagem que você tem de si mesmo.

A profecia que se cumpre por si mesma se aplica a todo campo de empreendimento. Se esperar de si um desempenho ruim, você terá menos motivação e menos interesse; vai empregar menos tempo e energia, e, dessa maneira, terá um desempenho ruim.

Um exemplo disso é a história do vendedor de sapatos que impunha limites a si mesmo, a quem foi atribuída uma área de 160 quilômetros quadrados na qual podia vender sapatos. No primeiro mês, ele fez negócios no valor de 10.000 dólares. Seu supervisor ficou tão satisfeito que, no mês seguinte, dobrou a sua área. Contudo, o vendedor só vendeu 10.000 dólares. Contrariado, o supervisor reduziu a sua área para a metade do tamanho original. Nesse mês, o vendedor fez negócios no valor de 10.000 dólares. A imagem que tinha de si mesmo era de alguém que vendia 10.000 dólares por mês.

Cada vez que um novo grupo de crianças ou de adultos começa uma das minhas aulas de ginástica, vejo-os desempenhando papéis que se baseiam nessa imagem de si mesmos. Uns poucos desempenham o papel de líderes: ficam na fila da frente e mostram o que podem fazer. Outros podem ficar quietos lá no fundo, fazendo observações como: "Oh, não tenho muita coordenação."

A imagem de si mesmo difere de acordo com as atividades da vida cotidiana de cada um. Você provavelmente tem uma imagem de si mesmo relativamente elevada em termos de ginástica (do contrário, não teria começado a praticá-la); mas pode ter uma imagem de si mesmo mais negativa em termos de mecânica, de contabilidade, de pintura ou de redação.

O que eu quero demonstrar é que a imagem de si mesmo não é mais real do que a sombra de uma sombra. Essa imagem é uma ilusão que lhe foi imposta há muito tempo, e ela vai prejudicar todos os seus empreendimentos até que você o tome pelo que ele é e vá além dele.

Para conseguir tudo que é exigido de nós,
Temos de nos considerar maiores do que somos.

– Johann von Goethe

UMA LISTA DE DESEJOS

Uma maneira de combater a imagem negativa de si mesmo consiste em fazer uma relação de 50 qualidades ou capacidades que se tem, ou de atividades com as quais você gostaria de se envolver mais, caso julgasse que teria sucesso nelas. Feita a relação, avalie a si próprio com notas de 1 a 10: 1 equivalendo a totalmente inepto e 10 equivalendo ao máximo de desempenho. Não se limite a incluir só atividades que você de fato realiza; anote atividades que você tende a evitar.

Depois de ter avaliado a si mesmo, examine o reflexo da imagem que você tem de si mesmo. Dê especial atenção às notas baixas. Você gosta de alguma das atividades com relação às quais deu a si mesmo notas baixas? Por quê? Ou por que não? Você algum dia já se esforçou *realmente* para exercer essas atividades de modo a dominá-las por inteiro? Haverá alguma boa razão para que você *de fato* não pudesse ser muito bom em alguma dessas atividades? Pessoas sem braços tornaram-se excelentes pintores; vi um homem de uma perna só tornar-se um bom saltador de prancha; cegos já alcançaram a excelência em maratonas e em trampolim. Qual é a sua desculpa?

Eis o último passo do exercício: quando terminar este capítulo, sente-se calmamente e faça uma consideração acerca dos principais pontos relativos à imagem ilusória que tem de si mesmo. Examine novamente sua relação e as notas que você atribui a si mesmo. Depois disso, *queime essa lista*.

Tomando consciência da natureza limitadora da imagem que temos de nós mesmos, podemos superar as limitações que nos impusemos, limitações que, em geral, se baseiam no condicionamento promovido pelos pais ou num incidente interpretado de maneira errônea.

Então, e só então, as nossas técnicas ou o nosso treinamento poderá ganhar um impulso real.

Quando crianças, éramos *puro potencial*, e tínhamos condições de aprender qualquer coisa ao alcance dos seres humanos. Tínhamos dentro de nós as sementes de um físico, de um advogado, de um engenheiro, de um artesão, de um dançarino, de um artista ou de um atleta olímpico. Nunca nos ocorria que a aprendizagem fosse difícil.

Éramos livres de supostas limitações, como o mostra uma história que me foi contada por Jim Fadiman:

> Minha filha de quatro anos resolveu que queria aprender a voar. Isso lhe parecia algo bastante elementar — até os pássaros podiam fazê-lo! Ela se pôs de pé no sofá e pulou, balançando os braços. Sua primeira tentativa não foi inteiramente bem-sucedida.
>
> Ela pensou que, como os pássaros têm asas, esse devia ser o ingrediente que estava faltando. Ela encontrou uma pena no quintal. Segurando-a em sua pequena mão, pulou outra vez no ar. Ela me disse que a pena, definitivamente, "tinha ajudado".

Permitindo que a filha tentasse voar do sofá, Jim a deixava explorar com segurança seus poderes e limitações *naturais*. Assim, ela pôde conseguir uma visão equilibrada e realista de suas capacidades, sem a nuança das expectativas alheias. Quando perguntei ao pai da menina por que ele não a fizera simplesmente poupar esforços e não lhe explicara que "garotinhas e garotinhos não podem voar", ele replicou, sorrindo: "Como eu podia saber? Eu poderia estar errado."

Quando somos bem novos, nos sentimos livres para aprender, somos receptivos a tudo. Todavia, à medida que crescemos, começamos a ter impressões de que éramos "bons" em algumas coisas e "ruins" em outras — porque éramos elogiados e criticados ou porque compreendíamos erroneamente a situação —, como eu fiz aos cinco anos.

Na aula de pintura do jardim-de-infância, fiz o meu primeiro desenho de uma árvore. Ela parecia um pirulito verde, pois era a minha primeira tentativa. E eu olhei as pinturas das outras crianças e, para o meu desapontamento, as pinturas delas pareciam *árvores*. Eu não compreendia que elas já tinham desenhado muito mais árvores do que eu. Não me dei conta de que, se continuasse a praticar tanto quanto elas o tinham feito, minhas árvores poderiam parecer muito mais frondosas do que aquelas. Mas eu desisti cedo demais. Nesse momento e lugar, decidi que não era um bom pintor.

O pequeno Sammy criou uma imagem de si mesmo de outra maneira. Ele tentava alcançar um recipiente com leite. Com três anos de idade, calculou mal a distância e derrubou o leite. Sua mãe, momentaneamente irritada, disse: "Menino desajeitado!" A palavra "desajeitado" era nova para Sammy. Ele entendeu que tinha alguma coisa que ver com leite.

Em outra ocasião, o incidente se repetiu — dessa vez com suco. "Desajeitado!"

"Ah", Sammy raciocinou. "Não significa leite, significa *derramar*; é isso que me faz desajeitado." Ele logo derrubou dezenas de garrafas com líquido e caiu algumas vezes nas escadas para *provar* isso.

Às vezes... você sente que pode fazer qualquer coisa.
Em momentos como esses, posso ficar bem na ponta da prancha, equilibrar-me na crista de uma onda que está para se quebrar; posso... colocar-me numa posição impossível e depois sair dela, simplesmente porque me sinto feliz. Uma confiança assim pode levá-lo a fazer coisas que são praticamente impossíveis.

— Midget Farrelly

A indesejabilidade de uma imagem negativa de si mesmo pode parecer evidente, porque limita nossas realizações. Uma imagem de si mesmo elevada apresenta seus problemas específicos. Criancinhas constantemente elogiadas por tudo e a quem se diz que são "as melhores" e "maravilhosas" se acostumam com esse elogio, que representa a atenção positiva que toda criança anseia ter. Elas se esforçam por manter esse elogio pelo maior tempo possível; pode ser que até desenvolvam capacidades precoces.

O aspecto negativo disso é que o seu sentido de valor pessoal depende primeiramente do elogio e só mais tarde é transferido para a realização que lhes valeu o elogio. Elas crescem esperando o sucesso e projetam essa expectativa em outras pessoas, de maneira que acham que todos no mundo esperam o sucesso. Essa expectativa se torna uma grande pressão para não desapontar o mundo. Ela pode criar alunos brilhantes, estrelas do atletismo e suicidas.

A imagem de si mesmo exageradamente positiva *ou* negativa cria problemas. O melhor é não ter nenhuma imagem de si mesmo. Crianças criadas num lar relativamente isento de elogios ou de críticas exageradas ensejam uma abordagem realista, experimental e perseverante com relação aos seus empreendimentos sem pressão psíquica indevida. Elas exploram a vida e conseguem realizações a partir de um sentido natural e inato de curiosidade e de satisfação interior, e não a partir de críticas ou de recompensas exteriores. Elas fazem tudo natural e prazerosamente, sem tensão indevida, na hora certa.

Como você talvez já tenha percebido, nós, adultos, dispomos de um amplo estoque de imagens de nós mesmos relativas às nossas atividades. Sempre que você se sente pouco confiante ou confuso com relação a um empreendimento específico, quando se sente desestimulado ou muito *pressionado para se sair bem,* uma imagem de si mesmo arbitrária está se impondo à sua vida, obscurecendo o sentido de facilidade e de prazer que você possuía quando criança.

Da próxima vez que isso acontecer, você pode renunciar a isso, pode ignorar, resistir ou usar isso. Se você renunciar a isso, seu passado vai se tornar o seu futuro. Se o ignorar, a imagem negativa de si mesmo continuará a exercer efeitos sutis. Se resistir, vai gastar energia. *Use isso* plenamente. Vivencie a sua força psíquica e acabe com o problema *mudando o seu modo de agir. Aprenda a fazer o que você achava que não podia fazer,* e as palavras "não posso" perderão a força que têm sobre a sua vida.

O desenvolvimento de uma imagem realista de si mesmo é o valor fundamental dos cursos que envolvem desafios, como andar sobre o fogo, lançar-se ao ar preso a um elástico ou subir em cordas com nós — cursos que são dados por toda a parte. Dirijo um treinamento intensivo em residências, o qual se vale da habilidade na luta com faca a fim de que a pessoa desenvolva níveis mais profundos de confiança, de coragem, de compromisso e de flexibilidade. Em cursos como esses, os participantes têm a oportunidade de enfrentar crenças limitadoras e de transcendê-las.

Quando dizemos "não estou interessado em fazer isso", o que muitas vezes *se oculta* por trás dessa afirmação é "não posso fazer isso bem". Quando o "não posso" perde a força, você se surpreende com o grande número de coisas pelas quais você de repente se interessa.

Usar afirmações é uma maneira de tornar a sua vida receptiva a novas possibilidades. Com uma afirmação, você faz uma declaração positiva para si mesmo, por exemplo: "Sou um grande arremessador", "Saio-me melhor sob pressão", "Lembro-me do rosto e do nome das pessoas que encontro", "Gosto de não fumar e não preciso fumar".

Essas afirmações podem parecer mentiras deslavadas porque, cada vez que as fazemos, *afloram outras crenças secundárias que parecem contradizer esses enunciados positivos. Quando percebemos essas crenças contraditórias fundamentais, e até exagerando-as, trazemo-las à consciência, onde elas podem se dissolver.* Ao fazer uma afirmação positiva que pode ainda não ser factualmente verdadeira, estamos abrindo as portas a novas possibilidades e nos obrigando a uma mudança com vistas à nossa afirmação.

Para aumentar a eficácia de toda afirmação positiva, imagine em detalhes a sua manifestação mais positiva. Nosso subconsciente não sabe a diferença entre o que visualizamos e o que é "real" — aquilo que vemos com os nossos olhos físicos. Assim, quanto mais visualizarmos resultados positivos, tanto mais atrairemos essa energia para nós e abriremos o nosso consciente quanto a atrair resultados excelentes para a nossa vida. Quando competia na ginástica, eu passava um bom tempo visualizando a mim mesmo fazendo fantásticos exercícios de rotina; creio que esse hábito explicou boa parte do meu sucesso.

O sucesso alimenta o sucesso, porque solapa supostas limitações.

Lembre-se de que a lei natural do processo é mais forte do que qualquer idéia de si mesmo. Se praticar por um tempo, você *vai* se aprimorar. Transcender a idéia que tem de si mesmo é um passo primordial no caminho do atleta interior.

O medo do fracasso

O fracasso é parte integrante do processo de aprendizagem — uma indicação natural, um guia, uma ajuda para o progresso ulterior. Eu costumava "fracassar" ao menos 50 vezes por dia na ginástica; não era grande coisa. Para aprender, temos de ver o que não funciona e fazer alguma coisa com relação a isso. A maioria de nós, ainda jovem, foi ensinada a ter medo do fracasso — em especial, o fracasso público — e a evitá-lo a todo custo. Em conseqüência, construímos alguns mecanismos de defesa contra ele.

Uma defesa comum contra o fracasso é "não tentar de fato". Atletas que por vezes parecem preguiçosos podem não estar motivados. Por que não? Em geral, porque não se sentem capazes de ter sucesso; eles têm medo de fracassar. Se fracassarem, eles podem voltar à crença de que "eu poderia ter tido sucesso se tivesse tentado realmente".

O medo gera tensão. A tensão restringe o fluxo sangüíneo e torna os reflexos lentos, criando problemas de respiração que resultam na contração geral ou crônica de grupos musculares opostos; ela pode até mesmo afetar a visão. Toda essa mudança obstrui o movimento correto e leva a um provável fracasso. Desse modo, o medo do fracasso dá origem a um círculo vicioso cujo resultado é a ocorrência daquilo que mais temíamos.

Para romper esse ciclo, precisamos fazer as pazes com o fracasso, porque ele não é nosso inimigo. Mas não basta apenas tolerar o fracasso. "Tolerar" significa suportar alguma coisa; precisamos *avaliar* o fracasso para fazer uso dele. Quando formos aprender alguma coisa, devemos nos dar a vantagem de uns 10 ou 20 erros. Erremos até de propósito, apenas para nos soltarmos e para manter uma perspectiva equilibrada. Se somos capazes de errar de propósito o alvo, também somos capazes de acertá-lo.

Os atletas interiores riem do fracasso como se ele fosse um velho amigo pregando uma peça. Os maiores inventores, artistas e atletas de todos os tempos fracassaram muitas vezes. Muitas pessoas sabem que Babe Ruth era o rei da corrida pelo circuito; elas raramente se dão conta de que ele era também o rei da bola fora.

Você pode incorporar esse princípio usando o exercício a seguir, que é fácil fisicamente mas representa um desafio em termos psicológicos: fracasse de propósito. Se for um vendedor, estrague sua próxima tentativa de venda. Divirta-se apenas, e deixe de lado outras preocupações. Da próxima vez que errar no golfe, dê um jeito de dobrar o seu recorde de erros. Cometa erros que moralmente você tem medo de cometer. Divirta-se com o fracasso e veja se o mundo desaba sobre sua cabeça. (Ele não desaba.) Você logo vai se aprimorar "por acaso".

A autocrítica destrutiva

As outras pessoas nos subestimam porque, embora nos julguemos pelo que nos sentimos capazes de fazer, os outros só nos julgam pelo que já fizemos até agora.

— Longfellow

Se tivessem a mesma tendência de autocrítica dos adultos, os bebês nunca poderiam aprender a andar ou a falar. Você pode imaginar bebês batendo o pé no chão e dizendo: "Raios! Errei outra vez!"? Felizmente, os bebês estão livres da autocrítica. Eles tratam o fracasso como tratam o sucesso; eles simplesmente continuam a praticar.

A autocrítica é um hábito adquirido, hábito que em geral começa na infância, já que as crianças cometem erros naturalmente e costumam ser o alvo de críticas destrutivas.

Há apenas três causas de erro no mundo:

1. padrões de hábitos negativos (ou inconscientes);
2. falta de informação ou de experiência;
3. o fato de ninguém ser perfeito o tempo todo.

Há dois tipos de crítica:

1. a crítica construtiva: "A bola foi um pouco alta demais; tente lançá-la mais baixo da próxima vez."
2. a crítica destrutiva: "Você não fez nada certo; que burrice!"

Se você foi alvo de críticas destrutivas quando criança, é muito provável que a sua jovem psique tenha usado a defesa que lhe estava mais à mão: você *incorporou* essa crítica, isto é, começou a criticar *a si mesmo* severamente a fim de que os outros evitassem fazê-lo. Essa defesa da infância em geral "funciona": ela de fato afasta as críticas dos pais, dos irmãos, das irmãs ou dos companheiros. Mas esse hábito arcaico de criticar a si mesmo para evitar que os outros o façam já não tem utilidade. Se você critica a si mesmo, ainda está carregando o peso do pai, do irmão, da irmã ou do companheiro que foi ruim para você.

Você pode não ter plena consciência de ser uma vítima da sua autocrítica, visto que nem sempre você grita consigo mesmo; mas você pode estar se "recriminando" de maneiras mais sutis, como se tornando impaciente, frustrado ou depressivo.

Usamos a autocrítica do mesmo modo como os outros usaram a crítica contra nós: como punição pelos erros. As pessoas que se criticam acreditam que, se se punirem dessa maneira, vão se aperfeiçoar. Mas o oposto é o verdadeiro. Se você se critica (se pune) quando comete um erro, o placar psicológico fica empatado: "um erro, uma punição". Você fica livre para cometer o erro outra vez. Quando não critica a si mesmo, você assume a responsabilidade e tem *menos* probabilidades de repetir o erro.

Em vez de combater a si mesmo, veja se pode se tornar o seu melhor amigo.

Seja gentil consigo mesmo. Se você não for seu amigo incondicional, quem vai ser? Se você estiver combatendo um oponente e também se opuser a si mesmo, vai ser vencido pelo número.

Mantenha uma atitude de *valor pessoal incondicional,* livre da autocrítica. Você concorda que é cruel e desnecessário dizer a outra pessoa: "Você é um perfeito idiota! Que estúpido! É melhor desistir! Você comete sempre os mesmos erros! Você nunca vai ser bom!"? Se você nunca diria essas coisas aos outros, *por que não ter consigo a mesma cortesia?*

Atenção concentrada

Há um grande poder na *atenção total* ao assunto em questão. Mas essa qualidade da atenção é relativamente rara — exceto na intensidade de uma apresentação ou competição, quando concentramos nossa mente no momento presente, esquecendo-nos de tudo o mais. Os atletas podem ter problemas na vida diária — questões ligadas a relacionamentos ou a finanças, por exemplo —, porém, quando se vêem em ação, eles vivem o poder do momento presente. No momento da verdade, cada um de nós encontra instantes de silêncio. Mesmo envolvidos numa intensa atividade, podemos sentir a serenidade interior.

Os atletas que conseguem ter a atenção concentrada se sentem completamente "sintonizados", completamente presentes. Esse estado recebeu o nome de "fluxo"; ele também já foi chamado de "a zona". Mas, seja qual for o nome que lhe demos, o atleta interior o chama de "lar".

Quando jogo o meu melhor golfe, sinto-me como se estivesse... parado observando a terra em órbita com um taco de golfe nas mãos.

— Mickey Wright

Quando sentem essa atenção total, os esquiadores e surfistas sabem que não vão cair. Os jogadores de golfe, nesse estado, quase podem "ver" linhas de energia entre a bola e o buraco. Jogadores de tênis que estão nessa "zona" antecipam o que está para acontecer.

Na vida cotidiana, a maioria de nós tem sua atenção difusa e distraída por pensamentos; nossa mente está metade no que fazemos e metade em pensamentos sobre o que fazemos ou em devaneios dispersos. Na verdade, nossa vida pode se assemelhar muito a um sonho.

À medida que aprendemos a perceber a atenção concentrada no presente momento por meio da nossa capacidade de usá-la, e quando, por fim, temos acesso a ela, a atenção concentrada eleva a qualidade do nosso desempenho esportivo. Os atletas interiores que desenvolvem essa capacidade para se sentir em casa com o aqui e agora elevam a qualidade da vida cotidiana.

MENTE E CORPO

O exercício a seguir mostra que distrair-se ainda que por pouco tempo afeta o corpo. Peça a um amigo que fique confortavelmente de pé com os braços esticados ao longo do corpo. Peça-lhe que tensione um braço, mantendo-o reto e fechando o punho, conservando-o abaixado paralelamente ao corpo. Diga-lhe que você vai tentar puxar-lhe o braço lateralmente, numa distância de 30 a 50 centímetros. Faça isso e observe a quantidade de esforço necessária para realizá-lo.

Em seguida, diga-lhe que você vai balançar a mão na frente dele, com um movimento descendente em ziguezague, sem tocá-lo, e que depois vai tentar imediatamente puxar outra vez o braço dele para o lado, como da primeira vez. Faça isso.

Você percebeu a diferença? O que acontece com a concentração mental do seu amigo quando você fez o movimento para distraí-lo?

Você ignora por completo todas as coisas e simplesmente se concentra. Você se esquece do mundo inteiro e simplesmente... torna-se parte do carro e da pista. É uma sensação muito especial. Você fica completamente fora deste mundo. Não há nada que se compare com isso.

— Jochen Rindt

Se a atenção do seu amigo pode ser distraída dessa maneira, imagine o que as distrações mentais podem fazer ao desempenho de qualquer pessoa. O treinamento atlético é a melhor escola da atenção concentrada porque exige que concentremos toda a nossa atenção no momento presente. Os atletas interiores atingem a capacidade de seguir um dado curso nos esportes ou na vida, sejam quais forem as distrações que possam assediá-los, alcançando um estágio semelhante à concentração impassível dos atletas de classe mundial.

Obstáculos são aquelas coisas assustadoras que vemos quando afastamos os olhos do alvo.

— Hanah More

Se os ginastas caem da barra, sua mente já terá caído antes. Para manter o perfeito equilíbrio, eles têm de manter a mente (ou a atenção) concentrada estritamente na barra. Para fazer um jogador de futebol americano parar, é preciso perturbar a sua atenção. Todo bom interceptador sabe que alguns corredores são mais difíceis de parar do que outros e que o fenômeno não é só uma questão de condicionamento físico, mas de treinamento mental.

Eu não estava preocupado em fazer um jogo perfeito na nona base. Foi como um sonho. Em nenhum momento eu pensei nisso. Se tivesse pensado, eu não teria conseguido fazer um jogo perfeito.

— Catfish Hunter

O exercício de duas partes a seguir pode mostrar a você a diferença entre a atenção fraca e a concentração total:

Teste 1. Fique de pé e olhe de frente um amigo seu de uma distância de uns três metros. Digamos que seja um amigo homem. Os pés de vocês dois devem ficar afastados numa distância equivalente à dos ombros. Agora, caminhe devagar em linha reta, como se fosse passar ao lado direito dele. Quando você estiver prestes a passar por ele, seu amigo levanta o braço direito bem na frente do seu peito. Deixe que a sua mente se detenha no braço que é mantido à sua frente.

Teste 2. Desta vez, faça tudo exatamente da mesma maneira, porém, com uma diferença em termos de concentração. Caminhando com a mesma velocidade, projete a sua atenção, com força, 1.000 quilômetros à frente. Desse modo, você não vai prestar atenção ao braço do seu amigo quando ele o levantar; a sua mente e o seu movimento para a frente continuam, passando pelo braço como se ele não estivesse ali: você está relaxado, com uma atitude positiva, concentrado. O que você sente desta vez?

No exercício que você acaba de fazer, o braço do seu amigo representa as pequenas distrações da vida diária, os pensamentos que afloram para distraí-lo. Quando prestar tão pouca atenção a pensamentos de medo, de raiva, de limitação, quanto prestou ao braço do seu amigo, você estará a caminho de alcançar a atenção concentrada.

Todo jogador de basquetebol conhece a diferença entre tentar fazer um arremesso com atenção total e apenas com atenção parcial. Se, por exemplo, Stretch está para arremessar e sua atenção se divide entre a cesta e o adversário que está atrás dele, é possível que ele perca um arremesso que poderia fazer com facilidade. Faça a sua própria experiência com o basquete cesta-de-lixo:

BASQUETE CESTA-DE-LIXO

Sente-se a uma distância de cerca de três metros de uma cesta de lixo. Com papel, faça umas vinte bolinhas. Prepare-se para lançar.

Etapa 1. Sem prestar muita atenção, atire casualmente algumas bolas na direção da cesta e veja se acerta alguma.

Etapa 2. Desta vez, volte intencionalmente a sua atenção em olhar para o centro da cesta. Transporte a sua mente para dentro da cesta. Relaxado, lance algumas bolas. (Lembre-se de não "tentar", ou você vai ficar tenso; apenas deixe que as bolas caiam na cesta.) Veja os resultados. Você estava concentrado?

Etapa 3. Repita o que fez na Etapa 2, mas de vez em quando, aleatoriamente, faça com que um amigo atrás de você cutuque suas costelas quando você estiver prestes a atirar bolas. Observe o que isso causa à sua concentração mental e à precisão dos seus arremessos.

A atenção concentrada livra você de distrações e de problemas interiores e pode ajudá-lo a vencer qualquer jogo. Essa força mental tem um grande efeito sobre o Jogo da Vida. À medida que estabilizar a sua capacidade de concentrar plenamente a atenção naquilo que você está fazendo, você vai se ver cada vez mais no momento presente. Livre de complicações interiores, você vai descobrir que a vida cotidiana ficará mais simples e lhe parecerá mais profunda e plena.

Você ignora completamente tudo e apenas se concentra. Você esquece o mundo inteiro e simplesmente... torna-se parte do carro e da pista. É uma sensação muito especial. Você está completamente fora deste mundo. Nada se compara a isso.

— Jochen Rindt

A liberdade da distração mental equivale a ter poder. Os levantadores de peso olímpicos que são campeões não têm apenas corpos robustos; têm mentes fortes. Essa mesma qualidade da atenção nos liberta, nos momentos da verdade, de todo pensamento relativo à idéia que temos de nós mesmos às críticas ou ao medo. Os atletas interiores chegam eventualmente a perceber que este e todo momento, dentro e fora do campo, são o momento da verdade.

Você está envolvido com a ação e vagamente consciente dela, mas sua concentração não é a emoção, mas a oportunidade que está à sua frente. Eu compararia isso a uma sensação de devaneio... o estado de isolamento que um grande músico alcança numa grande apresentação... Não é algo apenas mecânico, nem apenas espiritual; mas partilha alguma coisa de um e de outro, num plano diferente e mais remoto.

— Arnold Palmer

O treinamento do atleta interior não acontece automaticamente. Temos de *isolar* qualidades mentais antes de poder desenvolvê-las. Se não for plenamente consciente nem sistemático, o treinamento será descoordenado e ao acaso. Se, por exemplo, você sentir *algo* de errado no seu desempenho na corrida num dado momento, mas não for capaz de saber com certeza o problema específico, é provável que você simplesmente continue a treinar o corpo, como o vinha fazendo antes — esforçando-se para se aperfeiçoar fazendo mais da mesma coisa.

Contudo, como você aprendeu no Capítulo 2, O Poder da Concentração, só quando se identifica um problema podem-se dar passos apropriados para resolvê-lo.

Muitos jogadores de golfe passam por períodos em que simplesmente parecem não poder aceitar uma bola. Os jogadores de tênis passam por períodos em que cometem duplas faltas. Esses atletas frustrados podem olhar para o céu e imaginar por que os deuses os estão punindo; eles podem começar a carregar pés de coelho envoltos em guirlandas de trevos de quatro folhas; podem passar a ter tiques nervosos ou a se internar voluntariamente em casas de repouso — somente por não poderem identificar a fonte do seu problema.

Agora que tem uma melhor compreensão das estruturas e dos mecanismos mentais que influenciam o seu jogo, você nem sempre vai precisar ver-se preso a esse tipo de fase ruim.

E lembre-se: às vezes, quando parece estar vegetando, andando sem se mover e até retrocedendo, você pode simplesmente estar fazendo um recuo estratégico para ter um novo e bom começo.

Quando a mente está lúcida, o corpo fica com o máximo de eficiência e percepção. Quando estiver em ação, é melhor que você "perca a cabeça e fique sintonizado com os sentidos".

Ao avaliar a influência da mente sobre os movimentos, você está desenvolvendo um mapa da compreensão. A seguir, examinaremos as emoções, que fornecem o *combustível* para a sua jornada.

5

Talento emocional

Podemos compreender a jornada; podemos até mesmo ter um excelente veículo. Porém, em toda jornada — no atletismo ou na vida cotidiana —, temos necessidade de uma quantidade suficiente de combustível emocional para continuar em movimento.

Ao contrário da energia físico-vital, a energia emocional cria o *impulso de sentimento* que nos faz rumar para a nossa meta; damos a isso o nome de motivação. Quando a energia emocional flui com liberdade pelo nosso ser, sem obstruções, sentimo-nos naturalmente motivados. Não há força mais potente do que um ser humano motivado. Todos já ouviram histórias de sucesso sobre fracassados que produziram milagres a partir da motivação. A motivação é a chave de todo processo de treinamento, constituindo o coração da capacidade emocional.

Nunca se fez nada de importante sem entusiasmo.

— Ralph Waldo Emerson

A inspiração e a motivação podem significar a diferença entre a vitória e a derrota, entre o sucesso e o fracasso, e até entre a vida e a morte. A energia que advém da motivação faz os fundistas ultrapassarem o "limiar da dor" quando suas reservas de energia física se exaurem. Por outro lado, atletas cheios de energia física vital que não tenham um impulso emocional dirigido para lutar pelos seus objetivos podem vagar a esmo sem chegar a nenhum lugar específico.

Todos apreciam a importância da autodisciplina mas consideram disciplina fazer aquilo que de fato não se quer fazer. Com suficiente motivação, ficamos tão inspirados que nem sequer pensamos na disciplina. Por exemplo, como jovem ginasta, eu era tão inspirado e motivado que treinava seis dias por semana mais de quatro horas por dia durante anos e nunca senti que isso fosse "trabalho" ou que eu precisasse de disciplina. O segredo para mim era manter os olhos fixos nas metas brilhantes que me animavam.

Quando liberada, a força da energia emocional pode realizar maravilhas: ela acaba com o medo e supera todos os obstáculos. Um obstáculo é apenas algo com que nos preocupamos quando tiramos os olhos do nosso alvo.

Vi atletas medíocres se tornarem campeões nacionais por meio da energia emocional dirigida. Eric, meu colega de turma, tinha tido pólio na infância. Suas pernas eram tão atrofiadas que quando o vi pela primeira vez ele usava andadeiras ou muletas. Ele se tornou um especialista nas argolas. Ele simplesmente se esforçava mais do que todos. Não bastava desenvolver uma força superior, ele também começou a praticar uma saída das argolas que o fazia rodopiar aproximadamente 2,70 m no ar. Eric dava um salto mortal completo e, graças a alguma façanha incrível da vontade, saía das argolas sem ajuda, apoiando-se em suas frágeis pernas. Vi-o cair muitas vezes. Seu irmão me disse que ele costumava ir para casa e chorar, tão intensa era a dor que sentia nas pernas. Três anos depois, Eric podia dar a volta no ginásio com as suas próprias pernas, e ficou em segundo lugar no campeonato nacional.

Na vida diária, pequenas tarefas que requerem apenas uma quantidade diminuta de energia não exigem grande motivação para serem realizadas. O mundo do atletismo, no entanto, exige muito mais de nós.

A maioria das pessoas tem com a motivação uma relação passiva, como se ela fosse algo que descesse sobre nós sem o nosso controle. Podemos nos sentir motivados num dia e não motivados em outro. A mensagem deste capítulo é a de que toda a energia motivacional de que vamos precisar na vida está dentro de nós.

Talento emocional é a capacidade de estimular a fonte natural de energia e de empregar os seus recursos. Desenvolver o talento emocional é aprender a caminhar com as próprias pernas.

Quando falamos de emoções, costumamos fazer referência a emoções "positivas", como a alegria, a serenidade e o arrebatamento, bem como a emoções "negativas", como o medo, a tristeza ou a raiva. Estas últimas não são emoções reais, mas obstruções emocionais que bloqueiam o fluxo livre e natural da motivação. Para compreendê-la melhor, remontemos à nossa infância.

Quando éramos bebês, a motivação era uma coisa natural em nós, e tinha um caráter constante, visto que tudo era interessante para nós. Em algum momento, tensionávamos os nossos corpinhos e chorávamos, mas chorar era uma reação simples e natural ao nosso mal-estar físico, e não a complexas preocupações mentais. Nossa mente e nosso corpo estavam no seu estado natural — *a mente livre de pensamentos,* numa condição de lucidez, de concentração e de atenção; *o corpo livre de tensão,* cheio de sensações, de sensibilidade e de vitalidade. Vivenciávamos o estado de energia pura — a motivação — que alimenta a ação, o impulso de ir em frente, de examinar, de crescer.

À medida que crescemos e tomamos consciência das regras, dos significados e das exigências do mundo, começamos a sentir certo afastamento em relação ao protegido universo da infância. Vulneráveis diante de um mundo de turbulência emocional, de distúrbio social e de frustração humana, começamos a conhecer a culpa, o medo e a ansiedade. Aprendemos a reprimir as emoções a fim de não nos sentirmos mal; na verdade, passamos a não sentir muita coisa. À proporção que a mente se torna um depósito de lembranças traumáticas, o corpo começa a acumular tensão. Vivemos essa tensão na forma de dores no peito ou na região abdominal, mas também na parte inferior das costas, no pescoço, nas mandíbulas e em algumas outras partes do corpo. O nome dessa tensão, que podemos observar em nós mesmos em épocas de turbulência, é emoção. Mas a sensação que chamamos de "emocional" é, na maioria das vezes, um *bloqueio* da energia emocional. Como essa energia é bloqueada, assim como a água que passa por um ralo pode ser bloqueada, sentimos pressão nos pontos de tensão.

A energia se concentra em nós e assume a forma do que poderíamos chamar de raiva, medo ou tristeza, a depender dos pensamentos que estimularam essa tensão. Os bloqueios emocionais (ou tensão) são reações aos pensamentos. Se você está na fila no banco e alguém "fura" a fila na sua frente, você pode imediatamente "sentir raiva". As crianças não ficam irritadas quando alguém "fura" a fila porque ainda não incorporaram as respostas da sociedade a essa ação. Mas você aprendeu que "as pessoas devem esperar a sua vez na fila", o que talvez seja verdade socialmente. Mas são esses sentidos que estimulam reações emocionais. Apenas a mente livre de sentidos, de julgamentos e de expectativas pode permitir o livre fluxo de energias emocionais — livre de reações de medo, de tristeza e de raiva.

O medo, a tristeza e a raiva são normais, mas não constituem reações emocionais inevitáveis a uma tensão percebida. As criancinhas podem chorar por sentir mal-estar físico, mas são naturalmente livres das complexas estruturas mentais que costumam resultar em tensão emocional.

Os atletas interiores não negam nem reprimem os seus sentimentos, mas aprendem a manter-se até mesmo em condições de tensão.

Para falar a verdade, é muito difícil nos "sentirmos" irritados, com medo ou tristes se respiramos regular e plenamente e mantemos o corpo relaxado. Os distúrbios emocionais estão inevitavelmente associados com uma tensão no peito ou no abdômen; quando nos conservamos relaxados e nos concentramos na nossa respiração, provocamos um curto-circuito no estresse que gera a tensão. Isso permite que nos exprimamos, ou ajamos, com bem mais eficácia.

Se, por exemplo, um cachorro feroz se põe na nossa frente com os dentes arreganhados, pode ser apropriado nos imobilizarmos, correr, rosnar para ele ou subir no primeiro poste que encontrarmos. Podemos ter qualquer dessas reações naturais imediatamente, sem a atenção reativa que interpretamos como medo. Na realidade, essa tensão só serviria para retardar a resposta apropriada.

É saudável exprimir tristeza, raiva ou medo. Mas a tensão — emocional ou de outra natureza — não é útil ao corpo. Seus efeitos debilitadores sobre a circulação sangüínea, sobre a resposta muscular e o sistema imunológico estão bem documentados.

Rompendo o circuito da tensão

Vimos que a mente impõe tensão ao corpo e constitui a fonte da perturbação emocional. Mas até que dominemos a mente, de que maneira rompemos o circuito danoso da tensão mental que se torna tensão emocional e física?

Siga a técnica abaixo para recuperar o equilíbrio emocional:

TENSIONE, AGITE, RESPIRE E RELAXE

- Tensione deliberadamente todo o seu corpo o máximo que puder durante três a cinco segundos, ao mesmo tempo que retém a respiração.
- Então, agite delicadamente o corpo.
- Em seguida, erga o corpo, como se a sua cabeça estivesse suspensa no espaço por um barbante, e respire lenta, profunda e regularmente a partir da parte inferior da barriga. Deixe que a respiração lhe traga uma sensação de profundo relaxamento.

A quebra de hábitos emocionais formados ao longo dos anos não é fácil, mas é possível. A qualquer momento, você tem a capacidade de respirar profundamente, de relaxar e de se desapegar. Aceite o que surgir de dentro ou de fora no momento presente, em vez de resistir-lhe. Permita que isso seja interessante em vez de "bom" ou "mau". Assim, despertamos uma vez mais a verdadeira emoção, a energia necessária para agir.

Respiração e sentimento

Além de sua conotação comum, "inspiração" também significa inalação. A respiração é a chave do nosso estado emocional porque reflete e pode controlar o nosso nível de tensão. Quando aprende a respirar adequadamente, com pleno sentimento, você adquire a capacidade quase literal de "inspirar-se". O atleta natural, assim como o bebê, respira naturalmente, a partir das profundezas do corpo, com inalações e exalações lentas, plenas, relaxadas e equilibradas.

Para compreender o seu estado emocional e alcançar o domínio das emoções, é essencial que você comece a observar a sua respiração e obtenha sobre ela controle consciente. A consciência e a disciplina da respiração ocupam o lugar central dos ensinamentos das mais antigas tradições espirituais. Iogues, mestres zen e grandes praticantes das artes marciais acentuam muito a importância da respiração adequada.

O vínculo unificador entre a mente e o corpo é a respiração. A meditação se relaciona com a mente, mas também poderia ser considerada um exercício de relaxamento físico. Os exercícios de relaxamento se relacionam com o corpo, mas também poderiam ser considerados exercícios de meditação. Tanto a mente como o corpo têm vínculos estreitos com as emoções por meio da consciência da respiração. As várias abordagens do bem-estar demonstram o íntimo relacionamento entre os nossos três centros: físico, mental e emocional. As práticas da meditação têm como centro a introvisão e a liberação dos pensamentos. À medida que nos liberamos dos pensamentos, emoções fluem naturalmente e o corpo relaxa. Partindo de outra direção, você pode enfatizar o relaxamento do corpo. À proporção que o corpo relaxa, a mente também tende a se aquietar e as emoções circulam livremente. Todas as várias abordagens do bem-estar são apenas maneiras de redespertar o atleta natural que existe dentro de nós.

Se você observar sua respiração por algumas horas durante o dia, você vai perceber períodos de respiração difícil, com paradas e reinícios, de retenção da respiração e de tensão na área do peito, limitando-se a respiração à parte superior do peito. Se estudar a sua respiração — e a de outras pessoas durante um longo período de tempo —, você verá que as três obstruções emocionais primordiais — a raiva, a tristeza e o medo — se caracterizam por um desequilíbrio da respiração. A raiva se reflete na inalação fraca e na exalação forçada e exagerada. A tristeza (como quando soluçamos) se caracteriza por uma inalação espasmódica e irregular e por uma fraca exalação. O medo pode provocar quase uma parada respiratória. À medida que você se torna consciente dos seus padrões de respiração por meio da atenção consciente, você pode tornar-se responsável pela identificação de padrões reativos, podendo então usar a respiração como um método-chave para o equilíbrio do corpo, da mente e das emoções.

O exercício a seguir vai lhe dar uma idéia da respiração adequada e do seu efeito sobre o corpo:

Sente-se numa posição confortável, numa cadeira ou numa almofada. A espinha deve estar reta, mas não enrijecida.

- *Respiração tensa*. Por alguns minutos, respire mantendo os ombros levantados; respire usando apenas a parte superior do tórax; não respire profundamente. Veja como se sente.
- *Respiração natural*. Exercite os músculos levantando-os e baixando-os várias vezes, até que eles fiquem bem soltos. Sinta o peso deles. Mantenha a boca fechada, o queixo delicadamente projetado para a frente e os olhos fechados.

Respire lenta e profundamente, mas sem nenhuma tensão. Quando inalar, sinta o seu ventre contrair-se e se expandir um pouco. Quando exalar, deixe o ventre relaxado, expandindo-se e contraindo-se. Repita isso pelo menos durante dez minutos, lembrando-se de relaxar os ombros, de manter a boca fechada e de perceber a expansão e a contração do ventre. Vivencie o que é a respiração natural.

À proporção que a respiração natural se tornar mais natural para você, você poderá usá-la nas competições atléticas ou nas suas atividades do dia-a-dia. Sua respiração logo se tornará mais consciente e sincronizada ritmicamente com a força e com o ritmo dos seus movimentos, conferindo-lhes graça e facilidade. Em última análise, você vai sentir que a sua respiração movimenta o seu corpo, libertando-o do esforço muscular desnecessário. Sempre que *perceber* que está tenso, concentre sua atenção em *sentir* o prazer da respiração lenta, profunda e relaxada. Solte os ombros. Em poucos minutos, você vai sentir a diferença. O controle da respiração é apenas uma das maneiras pelas quais podemos exercer o controle sobre as reações emocionais — não pela repressão, mas pela transcendência.

O testemunho interior

A lei da acomodação nos lembra que "a vida desenvolve aquilo que exige". O corolário desse princípio é: *o que não é usado torna-se obsoleto.* No nível físico, por exemplo, se não usamos um músculo, ele se atrofia — enfraquece. O mesmo acontece com os padrões de hábito emocional reativo; por meio do desuso, podemos torná-los obsoletos.

O *testemunho* de que falamos é uma habilidade que podemos adquirir de reconhecer e de nos livrarmos de antigos padrões. Se constatamos a existência de raiva, nós admitimos a sua existência e nos livramos dela.

Pode parecer estranho, mas podemos nos sentir bem fisicamente apesar de quaisquer pensamentos ou emoções negativas que apareçam. Os pensamentos negativos não têm de se traduzir em tensão negativa — *se* estivermos dispostos a nos livrar deles. Essa é a essência do testemunho.

Reconhecer um bloqueio emocional — ("Tenho medo", "Estou com raiva") — é construtivo, e até essencial à boa saúde. Mas meditar sobre o bloqueio, habitualmente dramatizando-o, cria um padrão indesejado.

O medo, a raiva e a tristeza fazem parte da vida. Não podemos dissipá-los desejando que desapareçam. Temos, porém, a escolha das maneiras de reagir a eles.

Nada nos obriga a incorporar à *vida* um pensamento de medo ou a tensão correspondente; não temos de dramatizá-lo. Podemos sentir medo, mas não temos de agir como quem tem medo. Não temos de ficar paralisados nem exclamar "Ó MEU DEUS!". Não temos necessidade de representar o papel de alguém que tem medo.

Não é fácil evitar a dramatização de um padrão reativo. Porém podemos aprender que não é necessário esperar passivamente que os pensamentos de medo se vão ou "melhorem", nem é preciso esperar que as emoções desapareçam antes de aprendermos a agir em vez de simplesmente reagir. Tudo o que é necessário é modificar o nosso modo de agir. Podemos falar e agir positivamente, seja o nosso estado de espírito positivo ou não.

Os atletas interiores não podem se dar o luxo de ficar presos ao lixo compulsivo ou reativo. Não queremos ignorar esse lixo, resistir a ele nem reprimi-lo; com certeza, não vale a pena fingir que não sentimos o seu peso. No entanto, podemos traduzir nossas reações em energia e em ação positivas, e, então, começar a vivenciar a motivação como o nosso estado natural em tudo o que fizermos.

Quando nos sentimos dispostos e animados,
os deuses se juntam a nós.

— Ésquilo

6

Talento físico

Por si, a ambição não leva a parte alguma enquanto não forma uma parceria com o trabalho duro.

— James Garfield

Da mesma maneira como a clareza mental ilumina o nosso caminho e a energia emocional nos proporciona o combustível, o corpo oferece o *veículo* para a ação. Mesmo que conheçamos a estrada e estejamos com o tanque cheio, precisamos de um veículo para transpor a distância. Por exemplo, os jogadores de golfe que têm a mente clara e emoções inspiradas têm de aprender a usar o taco se quiserem jogar! Em outras palavras:

O sucesso é doce, mas costuma ter cheiro de suor.

— Anônimo

O nosso bem mais precioso

Reserve um momento para observar o seu corpo; reserve toda uma vida. Não há maior milagre na natureza. A complexidade do corpo enche as enciclopédias e, mesmo assim, sempre há algo a ser dito. Assim como o universo contém milhões de corpos, o seu corpo pode conter milhões de universos. Somos feitos da mesma matéria das estrelas. Cada vez que respiramos, estamos inspirando moléculas expiradas por Jesus, por Maomé, por Buda, por Joana d'Arc.

O seu corpo tem um cérebro capaz de contemplar o cosmos no café da manhã, de escrever um soneto durante o chá. Se houvesse um manual de instruções cósmico, a primeira regra certamente seria a de recebermos cada qual um corpo. É essa a única coisa para a qual temos garantia por toda a vida — não é a nossa casa, o nosso carro, o nosso dinheiro, os nossos relacionamentos, os nossos amigos, nem mesmo as nossas crenças. A única coisa que podemos manter conosco é o nosso corpo. Ele é a única coisa que "possuímos" e, como se sabe, apenas nos foi emprestado. A mão que segura este livro é a única que você vai ter nesta vida.

Sejam quais forem as nossas crenças, podemos saber com certeza que temos esta vida, este corpo. Precisamos nos lembrar de que a garantia do nosso corpo é limitada e só se aplica por um curto período de tempo. Falemos um pouco sobre os cuidados, a alimentação e o desenvolvimento do corpo.

Estímulo à mudança

Como a nossa mente e as nossas emoções são difíceis de observar e tendem a resistir à mudança, o corpo é um meio ideal, altamente visível, para a transformação. Como se sabe, se trabalharmos com o corpo de maneira positiva, esse trabalho também ajudará a mente e as emoções. Quando relaxamos o corpo e nos libertamos das tensões, a mente e as emoções tendem a refletir essa mudança (e vice-versa). *O treinamento físico consciente se define como o uso do visível para moldar o invisível.*

Este capítulo trata dos meios que levam ao aumento da nossa capacidade física para as atividades atléticas e para a vida. No exame da capacidade física, vamos considerar, em primeiro lugar, o que quer dizer ficar em forma. Nossa concepção do que constitui a "boa forma" tem se modificado ao longo dos anos.

No início do século, os habitantes do Ocidente definiam a boa forma recorrendo à força e à musculatura exteriores. Grandes músculos, tórax desenvolvido e homens fortes e robustos eram considerados "em boa forma". Nos últimos anos, pesquisas mais sofisticadas acerca das tensões, dos exercícios e da dieta nos levaram a reconsiderar essa idéia. O dr. Kenneth Cooper por certo popularizou a importância da boa forma cardiovascular e das atividades aeróbicas. Sabemos que a expectativa de vida dos jogadores profissionais de futebol americano é consideravelmente menor do que a das pessoas em geral, apesar do tamanho e da musculatura deles, talvez, em parte, por causa do abuso físico inerente a um jogo combativo, mas também por causa de outros fatores vinculados com o estilo de vida, como a dieta.

Em resposta ao atual conhecimento transmitido ao público através dos meios de comunicação, um maior número de pessoas está alcançando níveis mais altos de boa forma (parcialmente definida pela longevidade) por meio da adoção de dietas pobres em gordura, da abstenção do tabaco e de outras drogas, da abstenção ou da moderação do uso do álcool e do envolvimento em atividades aeróbicas.

Contudo, o conhecimento que temos da "boa forma" é incompleto. Ainda estamos redescobrindo a sabedoria antiga acerca da boa forma nas tradições orientais da Índia e da Ásia (particularmente em certas tradições das artes marciais). Estamos mergulhando mais profundamente no corpo, passando das camadas exteriores da musculatura ao coração e aos pulmões e, até mais para dentro dele, aos recessos do sistema nervoso.

Uma evidência cada vez maior na psiconeuroimunologia (medicina psicossomática ou medicina que cuida da mente e do corpo), a qual reconhece a influência do cérebro e da mente sobre os sistemas neuromuscular, hormonal, endócrino e imunológico, nos leva a redefinir a boa forma não apenas como a capacidade de trabalhar ou mesmo como longevidade, mas como um estado de serenidade, de plenitude e de expansividade (paz interior). Estamos começando a nos perguntar: "De que adianta sermos esguios e musculosos (ou mesmo ricos e famosos) se nos sentimos cansados, inseguros, ansiosos ou presos aos ditames da realização profissional?"

Os exercícios de boa forma física do futuro vão se concentrar em torno de técnicas de treinamento consciente, que incluem formas de hatha ioga, trabalho de respiração, meditação e formas cada vez mais sofisticadas de trabalho corporal e aprimoradas disciplinas físicas (incluindo o trabalho de Feldenkreis e Alexander, de Hellerwork e outras formas de massagem profunda, de aromaterapia, de cromoterapia, de *biofeedback,* de acupuntura e acupressura, bem como centenas de outros nomes, estilos e derivativos de sistemas que encaram outros aspectos da cura e fazem uma ponte na conexão entre a mente e o corpo), ou que deles advenham.

Vimos as aulas de ginástica aeróbica passar de atividades de alto impacto ao não-impacto, ao movimento de acordo com o fluxo natural, muitas vezes incorporando sofisticados aquecimentos, resfriamentos, relaxamento profundo, artes marciais e meditações. Na próxima geração, veremos a ênfase dos esportes e jogos passar a desafios menos competitivos e mais cooperativos.

Onde a frase "sem dor não há vencedor" era uma máxima respeitada, hoje professores conscientes mostram como progredir no âmbito da zona de conforto de cada um, sem tensão, sem ciclos de fadiga e luta pela recuperação.

Dando nova forma ao corpo

Nosso corpo é maleável; podemos esculpi-lo ao longo do tempo de acordo com os nossos hábitos diários de dieta e de exercício. O corpo pode se modificar com lentidão, mas *se altera* (como o indica a lei da acomodação). O treinamento do atleta interior inclui a harmonia da forma e dos movimentos do corpo com as forças naturais. Pense, por exemplo, no relacionamento do corpo com a gravidade. Há apenas duas posições estáveis sob a gravidade: a horizontal e a vertical. Se o seu corpo estiver totalmente ereto, estará naturalmente em harmonia com a gravidade. Porém, se o corpo estiver fora desses parâmetros — se ele tiver uma postura incorreta —, haverá necessidade de energia adicional para mantê-lo estável sob a força da gravidade. Para manter a posição, um corpo assim precisará se apoiar em alguma coisa ou em alguém, ou exercer um grande esforço muscular.

Reserve um momento para ficar de pé e, em seguida, se inclinar para a frente ou para um dos lados ou para trás alguns graus, a partir da cintura — ou então apenas incline a cabeça para a frente alguns centímetros. Você logo vai sentir uma pressão ou ligeira tensão nos músculos, que agora têm de se esforçar para manter a espinha na posição vertical. Se mantiver essa posição por alguns minutos, logo haverá dor.

O exercício só é benéfico enquanto a postura na qual o realizamos é benéfica.

— Joseph Heller

MANTENHA-SE ERETO

Durante dez minutos, sentado, de pé ou andando, veja se consegue se manter numa posição correta, as costas retas, o queixo esticado, sem forçar a cabeça erguida e os ombros relaxados. Veja se isso é fácil ou difícil para você.

Se você for como a maioria de nós, seu corpo provavelmente está desequilibrado, desviando-se em certo grau da perfeita verticalidade. Esse desalinhamento pode ser resultado de acidentes da infância, dos padrões de movimento incorretos e das compensações, do desequilíbrio nas ocupações ou em decorrência dos esportes, ou mesmo de traumas emocionais que resultaram em tensões acumuladas e músculos atrofiados.

Pessoas agressivas muitas vezes mantêm a cabeça ou o queixo inclinados ligeiramente para a frente em decorrência da tensão crônica e dos músculos atrofiados na nuca. Se machucou um tornozelo anos atrás e começou a exercitá-lo, você pode ter causado reações compensatórias que vão dos joelhos aos ombros, passando pelos quadris. Algumas pessoas têm o hábito de manter o ventre contraído ou de forçar a pélvis para trás, o que causa o desalinhamento com relação à gravidade.

Esses e outros tipos de desequilíbrio em termos de postura no campo da gravidade resultam em tensão crônica. Há um gasto de energia, de vez que há uma constante necessidade de esforço muscular para manter o corpo de pé. A fadiga se instala com muita freqüência e com grande intensidade. (Claro que a dieta, os hábitos de sono e outras variáveis também podem contribuir para a fadiga; mas o desequilíbrio em termos de postura é uma das causas principais da perda de energia.)

A tensão física constante pode não ser percebida, visto que fomos nos acostumando com ela ao longo dos anos. Mas resulta numa sensação crônica de mal-estar, com constantes mudanças de posição e de inquietação, de nervosismo e até mesmo de irritabilidade. O corpo em que "vivemos" nos dá uma sensação desagradável.

O estresse e a fadiga se exprimem em outros sintomas, que vão das dores de cabeça provocadas pela tensão a dores na base da coluna. As tensões acumuladas produzem um endurecimento do tecido conjuntivo e reduzem a velocidade da circulação do sangue, levando a uma mobilidade limitada ou a certo enrijecimento.

Muitos sistemas de massagem, de exercício e de manipulação podem ajudar nossos esforços conscientes de correção da postura do corpo. Se o seu tecido conjuntivo tiver sido reduzido como resultado de tensão crônica, pouco adianta "tentar" ter uma boa postura, porque, assim que relaxarmos, o tecido em questão vai fazer com que as partes do corpo assumam a posição incorreta habitual. Logo, em muitos casos, o trabalho profundo com os tecidos e a manipulação quiroprática podem ser úteis. Enquanto a massagem usa a pressão e pequenos golpes para relaxar temporariamente e aliviar a tensão crônica, o trabalho profundo com os tecidos opera por meio do alongamento do tecido conjuntivo ao redor dos músculos para produzir resultados mais duradouros.

Exercício consciente

Ao contrário da maioria dos esportes e dos jogos voltados para o exterior e concentrados na conquista de pontos e placares, o exercício consciente é dirigido para o interior, sendo especificamente destinado a produzir o equilíbrio e o bem-estar geral do corpo, da mente e das emoções.

Se somos fortes mas enrijecidos, a hatha ioga, a dança ou outra forma de prática de alongamento vão servir para ampliar nossa capa-

DEPENDURAR-SE: UM MÉTODO PARA EQUILIBRAR A FORÇA DA GRAVIDADE

Sem gravidade, logo nos tornaríamos um mingau, sem tônus muscular, com pouca circulação do sangue e da linfa, totalmente suscetíveis a quaisquer tensões incomuns que afetassem o corpo. O campo da gravidade é o Grande Desenvolvedor, um laboratório de exercícios que funciona 24 horas por dia. Os astronautas têm de se exercitar ou de criar gravidade artificial para que seus ossos não se desfaçam.

Por outro lado, a força da gravidade também pode ser debilitadora. Passamos o dia inteiro sendo comprimidos; as vértebras são pressionadas umas contra as outras, contando apenas com pequenas almofadas entre si, e os nossos pés suportam uma grande carga. As nossas juntas são comprimidas hora após hora.

A maneira mais fácil de equilibrar a força da gravidade é dependurar-se todos os dias. De manhã ou à noite, segure-se numa barra ou num batente sólido... ou então faça uma barra simples que suporte com facilidade o seu peso.

Pendure-se por um período de dez segundos a meio minuto. Sinta as juntas se descontraindo, a coluna se alongando delicadamente.

cidade de movimento. Por outro lado, se somos naturalmente flexíveis, exercícios específicos de aumento da força serão mais apropriados ao nosso equilíbrio geral em virtude do controle muscular e da estabilização das juntas. Nosso corpo age naturalmente ao exercício equilibrado e regular.

Resistência à mudança

Nosso corpo, assim como a nossa mente e as nossas emoções, tende a resistir à mudança. Fixamo-nos em certos padrões de movimento e de comportamento que só o esforço consciente pode alterar.

A resistência se relaciona com a lei da inércia e do movimento de Newton, que diz: “Um corpo em repouso tende a permanecer em repouso, e um corpo em movimento tende a permanecer em movimento, até que sofra a ação de alguma força exterior." Para traduzir isso no tipo de resistência à mudança de que falo, poderíamos dizer: "*Um corpo que começa em equilíbrio tende a permanecer em equilíbrio, e um corpo em desequilíbrio tende a permanecer em desequilíbrio*... até que sofra a ação de alguma força exterior."

Logo, *toda mudança exige um período inicial de mal-estar até que o corpo se ajuste à nova exigência*. Sentimos esse mal-estar quando desenvolvemos qualquer talento; podem surgir sintomas que vão da fadiga a músculos doloridos. A dor pode ser moderada em alguns casos, como a decorrente da fome que sentimos quando seguimos uma dieta; pode ser mais severa, como a da síndrome de abstinência por que se passa quando se pára de usar uma droga. De qualquer maneira, esses sintomas são sinais do reajustamento do corpo; eles vão passar.

Na passagem para um novo tipo de dieta, de exercício ou de hábitos de vida, o período inicial pode durar de uma a seis semanas ou até mais tempo. Ao final desse período, teremos nos adaptado a um novo padrão. O período de *estabilização*, entretanto, leva de três a seis meses. Durante esse tempo, é importante manter nossa vontade, motivação e compromisso por meio da visualização do objetivo — permitindo que ele nos inspire.

A não ser que a vontade de mudar continue forte, o corpo e a mente tendem a voltar aos velhos padrões. Quem faz dieta, tende a voltar aos velhos padrões alimentares; e assim ocorre com os fumantes, a não ser que eles mantenham o novo padrão ao longo do período de estabilização. Seja paciente e persistente, porque leva tempo para que os velhos hábitos fiquem obsoletos.

As leis do processo, do equilíbrio e da ordem natural apontam para o óbvio: *podemos* efetivamente dar nova forma aos nossos padrões de vida e ao nosso corpo por meio da introvisão, da orientação e da energia — quando a mente e as emoções (a motivação) trabalham em harmonia para gerar uma *vontade* forte. Quando *vemos* com clareza o que deve ser feito e temos um sentido realista do desafio envolvido na mudança, temos mais probabilidade de alcançar o sucesso. O maior desafio costuma envolver o nosso corpo.

A alimentação do eu físico

Nosso corpo é "alimentado" em muitos níveis — pela luz do sol e pelo ar fresco, pelos ambientes tranqüilos, pela afeição e pela energia advindas dos amigos e da família, bem como pela comida que ingerimos. Todos esses fatores têm igual importância para que floresçamos como seres humanos completos — mas a necessidade mais visível é a de ser alimentado mediante a ingestão, a digestão e a assimilação da comida. O alimento que comemos tem grande influência sobre a forma, a função e o talento geral do nosso corpo.

O modo como se come é tão importante quanto o *que* se come. O ciclo completo de nutrição começa com a ingestão do alimento e continua com a sua digestão, sua distribuição para os pontos que precisam dele, a utilização dos nutrientes e a eliminação de resíduos tóxicos. Qualquer ponto fraco nesse ciclo pode afetar de maneira fundamental o nosso bem-estar. A calma emocional, os hábitos alimentares adequados e o momento e o lugar apropriados para comer têm, por conseguinte, tanta importância quanto o próprio alimento.

Fico surpreso diante de amigos que são extremamente conscientes do alimento que ingerem, mas que muitas vezes comem às presas ou quando estão ansiosos. Muitas pessoas orientadas para a ação têm o mesmo problema; elas acham difícil reservar um "tempo" para sentar e comer — se é que se sentam!

Todo aspecto do ciclo alimentar é relevante. Isso não significa que tenhamos de nos tornar cientistas da nutrição. Mesmo os bebês, cujo instinto permanece intacto, vão preferir a combinação adequada de alimentos para a nutrição certa se lhes for oferecida uma variedade.

Os seres humanos anteriores às civilizações comiam os alimentos da estação, quando esses alimentos eram saudáveis, sem aditivos químicos, sem conservantes e sem processamento comercial. O processamento, a inclusão de conservantes, a coloração e a preparação que caracterizam muitos alimentos de hoje são práticas comerciais destinadas a aumentar os lucros mediante a prevenção do apodrecimento e da perda, bem como a atrair compradores acostumados com cores brilhantes e com os aditivos. Determinar se todo esse processamento aumenta ou diminui a qualidade do alimento é algo que você tem de decidir por si mesmo à medida que aperfeiçoa os seus instintos e passa a confiar neles.

Muitos especialistas sabem muito sobre comida, mas você é o especialista do seu corpo. Alguns "bons alimentos" como o pão de trigo integral podem não ser bons para você se você for alérgico a trigo integral (ou a glúten), por exemplo.

A razão por que muitos de nós precisam recuperar a forma é, em primeiro lugar, o fato de tendermos a comer *demais o que não precisamos e a não comer o bastante do que precisamos.* Muitas pessoas usam a comida como uma consolação quando se sentem irritadas ou entediadas.

Em algum ponto do seu desenvolvimento, os atletas precisam de combustível "de alta octanagem", e começam a simplificar sua dieta; eles passam a perceber a diferença entre aquilo que querem e aquilo de que precisam. Com a continuidade desse processo de sensibilização dos instintos do corpo, muitos atletas descobrem que se sentem melhor, mais leves e com mais resistência quando começam a comer menos carne.

De fato, a crença de que os atletas (ou qualquer pessoa) precisam de "muita proteína" é uma fantasia. Todas as doenças vinculadas com proteínas nos Estados Unidos têm que ver com excesso, e não com falta, de proteínas. Nem precisamos combinar cuidadosamente diferentes alimentos ou comer muita carne ou (no caso dos vegetarianos) comer muito tofu. Quem quer que faça uma dieta equilibrada de frutas, de legumes, de grãos e de verduras vai conseguir bastante proteína.

Embora eu siga uma dieta *vegan* (pronuncia-se VEIGAN [vegetariana]), sem nenhuma carne ou laticínio, comer assim não é a minha religião; é apenas uma dieta simplificada e saudável para mim. Tenho mantido um excelente nível de boa forma, de saúde e de aparência jovem para a minha idade.

John Robbins, autor do livro clássico *Diet for a New America* (Still-point), ajudou a derrubar o mito de que os atletas precisam ingerir carne.

Ele fala de atletas como Dave Scott, de Davis, Califórnia, um erudito-atleta que ganhou o lendário Triathlon Ironman do Havaí quatro vezes. Muitos consideram Dave Scott o homem de melhor forma que já existiu. Scott é vegetariano.

Sixto Linares, também vegetariano, quebrou o recorde mundial de "duplo homem de ferro" — num dia nadou 7,5 quilômetros, andou de bicicleta 296 quilômetros e correu 83 quilômetros.

Robert Sweetgall, de Newark, Delaware, outro vegetariano, é o campeão mundial de caminhadas de longa distância. O mesmo ocorre com Edwin Moses, Esportista do Ano da revista *Sports Illustrated.*

Não é de esperar que haja um vegetariano em competições mundiais de modelagem do corpo, mas Andreas Cahling, Mr. International de 1980, é vegetariano, e foi por mais de dez anos bem-sucedido em competições internacionais do mais alto nível.

Robbins cita muitos outros exemplos de campeões em várias áreas do esporte que não comem carne.

Minha experiência pessoal é semelhante. Quando cursava a faculdade e me recuperava de um sério acidente de motocicleta, parei de comer carne. Eu fui o único da equipe que adotou um rumo tão "radical"; meu treinador me garantiu que era só uma moda, e o meu médico (que, como a maioria dos clínicos, nunca fizera um curso de nutrição na escola de medicina) disse-me que eu precisava de "fígado e de outras carnes" para ajudar minha perna a se recuperar. Porém, minha mudança de dieta fazia-me sentir tão bem que eu confiei no meu instinto. Um ano depois, como um dos mais fortes ginastas do país, ajudei e levar minha equipe aos campeonatos universitários nacionais.

Cada um de nós tem um destino a cumprir — nossas próprias escolhas quanto ao esporte, à arte, aos relacionamentos, aos passatempos e à dieta. Respeito o processo de cada pessoa. Embora a ioga possa criar maravilhosos benefícios, eu não sugeriria a um jogador de futebol americano, por exemplo, que fizesse hatha ioga ou tai chi em vez de jogar futebol porque assim ficaria mais saudável; se ele adora o futebol, é isso o que ele deve fazer. Nessa mesma linha, eu apenas partilho minha experiência e minhas pesquisas; não pretendo dizer às pessoas o que devem ou não comer ou fazer. Cada qual tem de tomar as suas próprias decisões com base naquilo que sabe, naquilo que sente e naquilo de que precisa em sua própria vida. O que partilho neste ou em qualquer outro livro tem o fim de ajudar os leitores a fazer escolhas acertadas em sua vida.

Contudo, ao longo do tempo, se você simplificar sua dieta ingerindo alimentos frescos, naturais e não processados, confiando no seu instinto, o seu corpo vai ficar mais sensível e você não vai precisar de especialistas para lhe dizer o que você deve comer. Você vai começar a querer comer exatamente aquilo de que precisa — em vez de precisar comer exatamente o que você quer.

Ninguém pode escapar à ação da lei natural. Se você comer alimentos saudáveis, que retêm o seu valor nutritivo original, e se comer adequadamente, esse alimento vai contribuir para uma saúde estável. Se comer demais ou muito pouco, o que varia de acordo com as pessoas e de acordo com as épocas do ano, você vai pagar um preço inevitável. Pode não ser hoje nem amanhã, mas acabamos por colher os resultados da nossa dieta.

Não é fácil comer bem; nem sempre é conveniente. Portanto, temos de compreender com clareza como os nossos padrões dietéticos podem afetar a nossa vida. Essa visão clara pode nos proporcionar o impulso que nos leve a vencer a inércia ou a tolerância para com nós mesmos.

O conhecimento, no entanto, não é uma resposta suficiente, como o evidenciam os médicos e nutricionistas que têm saúde deficiente por terem comido o que sabem que "não deveriam" comer.

Poderemos nos tornar mais sensíveis ao longo de um período de tempo dando atenção ao que pomos na boca e ao que sentimos depois. Então, precisaremos *agir* a partir dessa compreensão.

Além da dieta, também precisamos equilibrar nossos hábitos em termos de postura, de respiração e de descanso se queremos atingir o máximo de vitalidade. Essa vitalidade, por sua vez, nos dá o poder de desenvolver o nosso talento físico.

Os quatro talentos físicos

Já analisei os componentes mentais e emocionais daquilo que denominamos talento. Para alcançar níveis elevados de habilidade, também precisamos desenvolver toda uma gama de qualidades físicas.

Aquilo a que damos o nome de *aptidão física* compõe-se de quatro qualidades primordiais: vigor, flexibilidade, ânimo e sensibilidade. Quando dizemos que alguém é dotado, em geral estamos observando que a pessoa tem um forte fundamento baseado nesses quatro atributos.

A maioria dos bloqueios e frustrações da aprendizagem que encontramos na jornada atlética, em particular os relacionados com a aprendizagem de habilidades nos esportes, nos jogos, na música, na dança ou nas artes marciais, vinculam-se a uma carência em um ou mais desses quatro aspectos do talento físico.

À medida que desenvolvemos essas quatro qualidades-chave, aumentamos efetivamente o nosso potencial. Costumamos considerar os atletas talentosos "bem-dotados", como se eles recebessem a sua capacidade como um presente de aniversário e como se fossem de algum modo "sortudos". A maioria de nós provavelmente já ouviu o velho ditado: "Creio na sorte — e descobri que quanto mais me esforço, tanto mais sorte tenho."

Embora nossa estrutura genética — o tipo físico herdado, o sistema nervoso etc. — de fato contribua para o nosso potencial global, creio que o talento é mais desenvolvido do que inato. Aquilo que conseguimos quando do nosso nascimento é, na melhor das hipóteses, uma predisposição; o que fazemos com isso cabe a nós decidir. Vi muitos atletas "bem-dotados" ficarem pelo caminho por falta de vontade, de interesse e de objetivo. Também vi muitos atletas que poucas pessoas considerariam bem-dotados desenvolverem altos níveis de talento; em outras palavras, eles se transformaram de pessoas "que aprendem devagar" em pessoas "que aprendem depressa" ao elevar seus níveis de vigor, flexibilidade, ânimo e sensibilidade.

Vamos considerar cada um desses quatro elementos para avaliar o nosso nível comum e potencial de aptidão. Antes de o fazermos, é essencial, no entanto, examinar o elemento que leva a esses quatro blocos fundamentais de construção.

Relaxamento: o segredo do talento físico

Quanto menos esforço fizer, tanto mais rápido e mais forte você será.

— Bruce Lee

O relaxamento aprimora o vigor, a resistência, o ânimo e a sensibilidade. Ao final deste capítulo, você vai compreender como e por que isso acontece.

Estudos sobre a eficiência em termos de movimento feitos em várias universidades demonstraram que as pessoas tendem a fazer esforços e a gerar a tensão muscular desnecessária mesmo em movimentos simples como o de levantar um garfo, segurar um livro, sentar numa cadeira. Além disso, as pessoas costumam tensionar músculos que não têm relação com o movimento que está sendo feito.

Ora, à medida que se familiarizar com o relaxamento — um sentido de facilidade tanto na imobilidade como no movimento —, você também vai começar a notar todas as tensões crônicas e vai ter condições de se livrar delas. Isso significa um passo gigantesco no caminho do atleta interior.

O *relaxamento* é o melhor indicador do bem-estar do nosso corpo como um todo. O grau de *relaxamento* nos três centros — físico, mental e emocional — reflete precisamente sua confiança nas leis naturais e sua sintonia com elas. A facilidade física é um espelho do relacionamento da mente e do corpo. Quando você está realmente *descontraído,* concentrado, com o corpo sem tensões, a mente descansa, as emoções fluem com clareza e o corpo vital se entrega ao fluxo da natureza. Tudo então parece bem no mundo, porque tudo parece bem com o corpo.

Tal como as crianças, os atletas interiores estão livres de toda tensão inibidora. Eles passaram a identificar a própria tensão e aprenderam a livrar-se dela no mesmo momento em que a percebem. Em conseqüência, eles têm uma grande quantidade de energia, que é suficiente para que aproveitem uma vida simples, bem como para se dedicarem aos seus empreendimentos atléticos.

Nossa capacidade de relaxar reflete
nossa propensão para confiar.

— Anônimo

A maioria de nós traz consigo tensões sutis há tantos anos que perdeu a capacidade de saber o que é o verdadeiro relaxamento. O relaxamento é, em vez de um estado temporário alcançado mediante a dissipação de energia bloqueada, um fruir *contínuo* de liberação muscular *e*, ao mesmo tempo, de altos níveis de energia.

Pouco adianta que eu dê conselhos às pessoas para que "relaxem" enquanto elas não souberem como é o relaxamento e enquanto elas não tomarem consciência do grau de tensão que trazem em si.

À medida que você aprender a dominar esse "desapego", ele vai ajudá-lo a manter o dia inteiro um sentido de relaxamento — e, quando ficar tenso, você vai percebê-lo mais prontamente, e poderá assim liberar a tensão (TENSIONE-AGITE-RESPIRE-RELAXE).

TESTE PARA O RELAXAMENTO

Peça a um amigo para levantar o seu braço enquanto você procura deixá-lo solto. Observe se você "ajuda" ou não, inconscientemente, o seu amigo a levantar o seu braço ou se o seu braço é um total peso morto. Faça essa experiência com um amigo e você vai perceber como algumas pessoas, em decorrência da tensão crônica, inconsciente e dissipadora de energia que levam consigo o dia inteiro, não podem fazer que o braço relaxe, por mais que tentem.

Um braço relaxado deve balançar como geléia quando alguém pegar a sua mão com as duas mãos e a agitar vigorosamente. Se o seu braço for levantado e solto, ele deve cair ao lado do seu corpo instantaneamente. Se estiver muito tenso (o que acontece com muitas pessoas mais velhas, que a vêm acumulando há anos), o braço pode até ficar parado por um longo momento antes de cair.

Se os exercícios precedentes o ajudaram a tomar consciência da tensão crônica que você tem, o exercício a seguir vai lhe proporcionar os meios de se livrar dela, ao longo do tempo, ao lhe propiciar uma experiência de relaxamento profundo.

EXERCÍCIO DE RELAXAMENTO PROFUNDO

Deitado de costas num tapete ou numa manta, solte todas as roupas que estiverem apertadas. Peça a um amigo para ler as instruções a seguir ou as grave e ponha o gravador para funcionar. Quando você está familiarizado com as etapas e o seu corpo está acostumado com esse estado, você pode passar facilmente pelo processo a qualquer momento, mesmo nuns poucos minutos.

Tome consciência do peso do seu corpo. Respirando lenta e naturalmente, entregue-se à gravidade. Observe o chão fazendo uma pressão para cima contra o corpo e este fazendo uma pressão para baixo.

Dirija a atenção para os seus pés... imagine que eles estão bem pesados. Sinta a pele pesada, os ossos pesados... o corpo inteiro ficando pesado...

Sinta todo esse peso passando para a frente inferior de suas pernas e chegando aos joelhos, deixando soltos todos os músculos. Sinta a parte inferior das pernas pesada... a pele pesada, os ossos pesados... o corpo inteiro ficando pesado.

Sinta o peso continuar até as coxas e as nádegas. Sinta os músculos das coxas se soltarem e as nádegas relaxarem; sinta a pele pesada, os ossos pesados.... o corpo inteiro ficando pesado.

Deixe que o agradável peso penetre profundamente na parte inferior das costas, se soltando... e continue até a parte superior, ao redor dos ombros e sob eles, ao longo da coluna, se soltando... pesado. Deixe que os músculos da parte de cima das costas, do pescoço e dos ombros sigam a atração da gravidade... a pele pesada, os ossos pesados.... o corpo inteiro pesado.

Solte a parte superior dos braços... os cotovelos e a parte inferior dos braços... sinta o peso por todo o caminho até as pontas dos dedos... a pele, os ossos... o corpo inteiro... pesados.

Sinta todos os músculos do pescoço... a parte frontal, a parte posterior e os lados, solte-se e se integre no chão... a pele, os ossos... o corpo inteiro pesado.

Agora, o corpo inteiro abaixo do pescoço está pesado, totalmente relaxado. Se sentir alguma tensão remanescente em algum lugar, libere-a e deixe-a ir com a gravidade... a pele, os ossos... o corpo inteiro... pesados...

Sinta o couro cabeludo relaxado... todos os músculos da testa... ao redor dos globos oculares... as faces, relaxadas... os músculos ao redor do pescoço... a boca e a mandíbula, tudo descontraído... o queixo e a região ao redor das orelhas.

Agora, todo o seu corpo está profundamente relaxado. Energias fluem livremente por todo o corpo, revitalizando, curando, restabelecendo o equilíbrio.

Observe a respiração. Imagine que está flutuando suavemente no seu próprio oceano cálido e privado. Ao inalar, sinta-se flutuando lentamente para cima e, ao exalar, flutuando para baixo... sentindo o bem-estar do relaxamento total.

Imagine o sangue circulando livremente pelo corpo, nutrindo-o. Sinta a energia do corpo vibrando no interior das células.

Sinta a tranqüilidade do relaxamento. Observe como a mente está calma nesse momento — e como estão as emoções. Da próxima vez que tiver alguma perturbação emocional, permita que o corpo relaxe, entrando nesse estado agradável.

Imagine-se caminhando, com essa mesma sensação de liberdade... usando apenas o esforço muscular necessário, e nada mais. Sinta a leveza e a falta de esforço do correr... ou de quando você pratica o seu esporte favorito com a mesma graça e descontração...

Enquanto estiver sentindo esse estado, tome consciência de que pode voltar a ele quando quiser. Agora, comece a aumentar a profundidade de sua respiração. Com três grandes inspirações de energia, abra os olhos e se sente. Espreguice-se como um gato.

Os atletas e artistas consumados em todos os campos alcançaram a desenvoltura nos movimentos mediante o uso eficaz dos músculos. O relaxamento dinâmico constitui o fundamento de todo talento físico. Vejamos como é isso, começando com o vigor.

Vigor

Nada é tão vigoroso quanto a verdadeira delicadeza;
nada é tão delicado quanto o verdadeiro vigor.

— Anônimo

Se não tivéssemos tecidos musculares voluntários, passaríamos nossa curta vida como um punhado de protoplasma, um monte de pele, órgãos e ossos. As pessoas que têm deficiências musculares adoram aquilo que temos por certo: a capacidade de *nos movimentar ao nosso bel-prazer.*

Ora, qualquer fisiologista vai lhe dizer que, se você estimular um número suficiente de fibras musculares para atender a uma dada exigência física ao longo de um período de tempo, o corpo vai criar fibras mais fortes para atender a essa exigência. O vigor muscular aumenta na proporção direta do esforço despendido no treinamento. Tudo isso parece claro. Mas os músculos apresentam mais aspectos do que pensamos.

Todos sabem que o vigor é uma das qualidades fundamentais do talento físico. O que muitos de nós podem não ter considerado é como *usar* adequadamente o vigor em equilíbrio com o relaxamento. "Vigor" é mais do que a capacidade de contrair os tecidos musculares; vigor é a capacidade geral de *controlar o movimento.*

Um colega meu da Universidade da Califórnia podia se levantar facilmente apoiando-se numa das mãos — com a barriga encostada no chão. (Para avaliar isso, você teria de deitar de bruços e imaginar que inclina os braços como que para se levantar, mas tentando levantar e apoiar todo o corpo sobre uma das mãos.) Brad era obviamente bem musculoso.

Para realizar esse movimento, Brad usava essencialmente os músculos extensores (bíceps). Ele podia fazer esse movimento muitas vezes no treinamento. Na competição, no entanto, quando costumava ficar tenso, Brad enrijecia inconscientemente os músculos *em demasia*. Em vez de usar apenas os músculos extensores, ele também tensionava os seus músculos flexores (bíceps). Esses grupos musculares antagônicos "combatiam" um ao outro, o que resultava em contração e exaustão. Quando estava nervoso ou quando se esforçava com muito afinco, Brad não podia fazer esse movimento. Não era uma questão de força — ele tinha os músculos. Era uma questão de controle.

Em certo grau, isso acontece com todos nós.

Para usar o vigor que tinha, Brad não precisava praticar para ter mais força, mas para fazer um relaxamento seletivo dos músculos desnecessários. Muitos atletas que fazem treinamentos intensivos para obter vigor, desenvolvendo músculos grandes e fortes, podem, ainda assim, ter uma *força efetiva* reduzida, porque em geral são tensos e não "educaram" os grupos de músculos apropriados na tensão/descontração complementares. Em conseqüência, eles não podem lançar nem fazer arremessos com a força que poderiam ter, nem correr com a rapidez que poderiam desenvolver, nem dar saltos alcançando a altura que poderiam alcançar, nem reagir com a velocidade com que poderiam reagir.

Como a força efetiva é a capacidade de relaxar os grupos musculares adequados ao mesmo tempo que tensionam outros, não admira que os bebês tenham essa capacidade. Dê o dedo para um bebê segurar e tente puxá-lo. Aquelas mãozinhas são surpreendentemente relaxadas — e surpreendentemente fortes.

A grandeza não está em ser forte, mas em usar adequadamente a força.

— Anônimo

Um estudo comparou as capacidades de movimento de bebês de seis meses e de alguns jogadores profissionais de futebol. Os atletas tentaram copiar todos os movimentos e posturas dos bebês durante dez minutos sem parar. Nenhum atleta conseguiu terminar; todos pararam, exaustos, passados alguns minutos.

Os halterofilistas podem parecer os mais fortes em termos do peso que podem levantar, mas em termos de economia de força as ginastas, que têm bem menos tecido muscular, são excelentes exemplos da força efetiva em ação. E observe o gato! Você não vê um gato com músculos tensos andando por aí, mas que atleta pode equiparar-se ao gato em termos de capacidade de movimentação? Vi gatos dar pulos de três metros para cima estando sentados. Um gato pode estar cochilando, disparar instantaneamente atrás de um rato numa velocidade estonteante e então, com a mesma rapidez, parar e limpar as patas, totalmente relaxado. O gato carrega muito pouca tensão. Você pode apertar bastante os músculos dele que ele não vai demonstrar dor. Tente fazer o mesmo com os músculos da barriga da sua perna e sinta a tensão.

Vários tipos de exercício enfatizam o relaxamento em movimento como objetivo primordial. Um sistema ensinado pelo Arica Institute, chamado euritmia, envolve o gradual tensionamento e relaxamento de diferentes partes do corpo de acordo com um ritmo regular enquanto se mantém um completo relaxamento em outra parte. É possível, no final, dominar o tensionamento consciente de 12 partes distintas do corpo independentemente. Treinamentos como esse são muito úteis antes de uma corrida e do levantamento de pesos.

Ao contrário de outras seções, não estou propondo muitos exercícios individuais porque, embora se possa aprender *sobre* o movimento a partir de um livro, é imensamente difícil e de modo geral impróprio aprender com um livro *sobre como* se movimentar. Todos têm necessidades individuais. É melhor ter o acompanhamento individual por um professor.

Há, no entanto, alguns procedimentos rotineiros simples de que você pode se valer para ter uma experiência do vigor relaxado. A primeira vem do aikidô. Esse exercício é feito com um parceiro, que aos poucos vai tentar dobrar o seu braço duas vezes — na primeira vez opondo-se à sua resistência; na segunda, contando com a sua não-resistência.

O BRAÇO QUE NÃO DOBRA

Teste 1. Mantenha o braço direito levantado à sua frente, com o punho cerrado, o braço *ligeiramente* inclinado, com o punho apoiado no ombro do seu parceiro. Seu parceiro põe uma das mãos na curva do seu cotovelo e começa gradualmente a empurrá-lo para baixo, a fim de dobrar o seu braço (claro que na direção em que ele normalmente se dobra). Você resiste, tensionando o braço.

Relaxe o braço antes do Teste 2.

Teste 2. Ficando de pé numa posição equilibrada, ponha o punho sobre o ombro do parceiro, como antes, desta vez com os dedos bem abertos.

Seu parceiro vai começar mais uma vez a empurrar gradualmente seu braço para baixo, como se fosse dobrá-lo.

Desta vez, contudo, você vai manter-se livre de tensão. Mantenha o braço completamente relaxado, mas não mole — não como macarrão molhado. Você faz isso imaginando um forte fluxo de energia, como a água que irrompe por um orifício, fluindo continuamente pelo seu braço e passando às pontas dos seus dedos estendidos, irrompendo pelo buraco e percorrendo aproximadamente mil quilômetros.

Deixe que a sua consciência "flua" com a energia e não pare no braço do seu parceiro. À medida que este começar a fazer mais pressão, imagine um aumento no poder do fluxo, equilibrando a pressão.

Faça experiências com isso e veja se começa a sentir um novo tipo de força, livre de tensão.

Para quem está acostumado com esse tipo de força, é praticamente impossível mover o braço quando relaxado e realmente bem mais "fraco" quando tensionado. A coisa funciona, não por causa do fluxo mágico de energia, mas porque você usa apenas a quantidade de tecido muscular de que de fato necessita. Isso desenvolve não apenas uma grande força como também uma sensação de facilidade.

Agora, se quiser, você pode fazer outro exercício simples que destaca a maneira como a atitude mental pode influenciar a força efetiva.

Neste exercício, você vai fazer dois movimentos de alongamento com tensão e dois sem tensão.

1. Começando numa posição de pé, faça dois movimentos num ritmo lento a moderado, com *cada* músculo do seu corpo *tensionado*. Eis o que chamo de *tentar*. Cerre os dentes, retese os músculos das coxas, das nádegas, do estômago, do pescoço... isso provoca exaustão e torna os movimentos difíceis, não é?

Em menor grau, é isso o que a maioria dos atletas faz durante o treinamento, visto que poucos deles praticaram o relaxamento em movimento consciente.

2. Para os dois movimentos seguintes, imagine que você é um boneco numa corda, suspenso pelos braços de um gigante que está de pé acima de você. O gigante fará o trabalho por você. Começando na mesma posição, simplesmente relaxe o corpo sem esforço e imagine que o gigante está puxando você pelas cordas. Deixe que o movimento aconteça por si.

Mantendo a imagem do fluxo de energia ou do movimento que acontece por si mesmo e agindo a partir dela, você cria o efeito psicofísico da força descontraída, e os três centros — físico, mental e emocional — tendem a se harmonizar no seu relacionamento natural.

A força não pode ficar livre para trabalhar a não ser que esteja em equilíbrio com o relaxamento. A altura que você pode alcançar num pulo estando de pé é um fator tanto da sua capacidade de relaxar como da sua capacidade de empurrar o corpo e pular. Tente ficar de pé, um pouco inclinado, tensionando as pernas com a força que conseguir... e tente pular. Você mal vai poder sair do lugar.

Dale era capitão da equipe de ginástica de Stanford. Fazia exercícios de solo e era especialista em acrobacias. Era um dos mais esforçados membros da equipe. Todos os dias, começava fazendo calistenia, depois dava saltos para fortalecer as pernas; corria uns cinco quilômetros por dia e praticava sua seqüência de acrobacias vezes sem conta. Suas pernas eram bem musculosas, e sua dieta, excelente. Era esguio, mas seu modo de fazer acrobacias fazia parecer que ele pesava 250 quilos; ele simplesmente parecia não poder elevar-se no ar. Alguns acrobatas iniciantes com pernas de palito pulariam e fariam acrobacias mais alto do que ele. Isso costumava deixá-lo louco.

Dale tinha ótima musculatura, mas tensão demais. Os músculos pesam mais do que a gordura. Há um ponto, em especial para alguém que *tem de mover o próprio corpo* com rapidez e leveza, em que o desenvolvimento passa dos limites. Para ficar mais forte, Dale podia ter passado todo um verão sem fazer um único exercício de fortalecimento, praticando apenas o relaxamento. Seus saltos teriam tido uma repentina melhoria.

Por meio da acomodação, nossos músculos se desenvolvem em resposta a uma exigência. Equilibre essa exigência entre a pura força e a capacidade de estar leve e relaxado, e você vai desenvolver o pleno *uso* dos seus músculos, e não apenas a "plena força".

Depois de desenvolver sua capacidade de *vigor relaxado*, seus movimentos vão adquirir uma nova qualidade de falta de esforço e de graciosidade, levando a uma melhoria da velocidade, da coordenação, dos reflexos e da capacidade real de reação — na quadra, no campo e na vida cotidiana.

Flexibilidade

Para a maioria de nós, flexibilidade implica exercícios de alongamento. Isso pode ser verdade em larga medida. Porém, um bebê não precisa desses exercícios porque não é tenso — nem você era há muito tempo atrás. À medida que crescia, no entanto, você começou a ativar o tensionamento habitual de músculos numa reação à dor física, à ameaça psicológica ou à perturbação emocional. Ao longo dos anos você começou a acumular problemas não-resolvidos na forma de tensão (do mesmo modo que o corpo armazena em forma de gordura a energia não-utilizada). Logo, seu corpo foi perdendo a flexibilidade natural, o que tornou necessários exercícios paliativos como o alongamento.

A tensão — que dá origem a juntas endurecidas, a dores e a problemas de circulação, assim como contribui para a artrite — é uma estratégia imprópria e inconsciente pela qual todos temos de nos tornar responsáveis. Isso significa perceber a tensão acumulada no nosso corpo e usar medidas apropriadas para eliminá-la.

O corpo naturalmente flexível é o reflexo de uma mente relaxada. Mas não estou sugerindo que você vá fazer psicanálise para resolver todos os traumas passados a fim de encontrar alguma paz e flexibilidade. Apenas se lembre de observar a tensão no curso da sua vida diária — talvez nas coxas, no pescoço, nas costas, no rosto ou no ventre. Observe quando começar a ficar tenso; e então relaxe. Faça isso cada vez mais. Você talvez nunca se disponha a gastar uma grande quantidade de tempo e de energia procurando as causas de todos os problemas da infância, mas pode ser responsável pela tensão *neste momento.*

Sim, o alongamento *é* uma atividade paliativa — mas uma atividade paliativa de que a maioria de nós precisa. Quando você reconhecer que a tensão mental e emocional imposta ao corpo é a fonte do seu grau relativo de enrijecimento, você poderá naturalmente elaborar a abordagem correta do alongamento. Você pode evitar o método usual de infligir desnecessariamente ainda mais dor e tensão a si mesmo através do alongamento impróprio, do esticar (e do puxar) exagerado.

O alongamento deve ser descontraído e inteligente, e não apenas entusiasmado.

A maioria dos atletas impõe ao próprio corpo várias posições difíceis de modo casual ou agressivo, rangendo os dentes de dor. No resto do dia, eles apenas voltam a ficar tensos e têm de repetir o mesmo processo doloroso. É provável que eles sintam algum progresso à medida que o corpo se adapta ao alongamento diário, mas esse tipo de programa é uma abordagem de tipo "dois passos para a frente, um passo para trás". É doloroso, além de implantar reações psicológicas não agradáveis.

A melhor receita que conheço para se obter flexibilidade é três partes de relaxamento para uma de alongamento. Sem fazer *nenhum* alongamento, você fica mais flexível quando está relaxado, de férias ou livre das preocupações de todos os dias. (Por outro lado, muitos atletas ficam mais tensos, mesmo enquanto fazem alongamento, em períodos de exames.)

Se você "pedir" ao seu corpo para ficar mais flexível, ele vai atender — *se* você o pedir *delicadamente*. As diretrizes a seguir são maneiras "delicadas" de pedir ao seu corpo que se alongue. Faça um pedido gentil e você terá uma resposta positiva.

Não proponho aqui nenhum exercício específico de alongamento; o importante é que você determine os fatores de flexibilidade peculiares às suas atividades e necessidades. Que movimentos você costuma fazer no treinamento e na vida diária? Aumente aos poucos a exigência a fim de estender a gama de movimentos.

Livros, aulas ou o alongamento com um amigo são coisas úteis. A hatha ioga, o tai-chi, o aikidô, a dança ou a ginástica, bem como os livros *Stretching*, de Bob Anderson, e *The Weekend Athlete's Way to a*

ALONGAMENTO DO CORPO INTEIRO

1. Quando se trata do seu próprio corpo, você é um especialista em alongamento, não precisando seguir o conselho alheio. Você sabe mais sobre os pontos que necessitam de alongamento, e o grau até o qual necessitam, do que qualquer especialista, visto que o corpo em questão é *seu*.

Simplesmente relaxe alongando o corpo um pouco mais do que faz quando se sente tenso. Isso pode parecer simples demais, mas a isso se resume toda a questão. Você não precisa saber anatomia. Apenas sinta os pontos em que há tensão — talvez o pescoço, a base da espinha ou a parte posterior dos joelhos. Em seguida, sente-se ou se incline suavemente apenas um pouco mais. *Respire fundo* e imagine o ar indo para a área que está tensa, relaxando-a.

Mesmo os grandes atletas têm de ser delicados com o corpo, como se tivessem 98 anos de idade.

2. O alongamento deve causar-lhe uma *boa sensação*, como se fosse um gato se espreguiçando depois de uma soneca. Equilibre o prazer e a dor.

3. Faça o alongamento apenas um pouco, mas faça-o ao menos duas vezes por dia. É melhor fazer três ou quatro minutos de alongamento relaxado duas vezes ao dia do que quinze minutos de alongamento intenso uma vez por dia. Seja delicado; lembre-se de pedir ao corpo gentilmente... mas peça com freqüência.

4. Faça alongamento quando o corpo estiver aquecido. É mais fácil, dá uma sensação melhor e faz mais bem se alongar quando o corpo está aquecido. (O alongamento a frio desgasta mais, e você fica mais propenso a ficar tenso.)

5. Faça alongamento da maneira que quiser. Não costumo recomendar movimentos vigorosos, mas um movimento um pouquinho mais rápido é bom se você se sentir bem com isso. Se, contudo, preferir ficar na posição alongada enquanto respira profunda e relaxadamente, causando a si mesmo uma sensação de bem-estar, os benefícios obtidos podem ser maiores. *Experimente*.

6. A experimentação é a chave. Descubra a maneira mais suave e agradável de se alongar; afinal, trata-se apenas de mais um dos jogos do corpo. Mais tarde, você poderá realizar alongamentos que exijam mais de você.

Pain-Free Monday, de H. Jampol, por certo se adequarão às suas necessidades.

A flexibilidade significa um estado de plena articulação de todas as juntas, incluindo os pulsos, os ombros, o pescoço, toda a coluna, a pélvis, os quadris, as coxas, os tendões e os tornozelos. O objetivo dos alongamentos é deixar soltas e livres todas as juntas de acordo com as exigências de suas atividades favoritas. Se se tornar flexível além do ponto de real necessidade, você vai sentir facilidade de movimentos, além de aumentar o alcance da sua força.

De maneira geral, deve-se dar prioridade antes à flexibilidade do que à força — ou, ao menos, desenvolvê-la antes do principal desenvolvimento da força —, visto que, quanto mais flexível você for, tanto menor a energia que precisará despender para movimentar o corpo. *A flexibilidade é a prova mais evidente da não-resistência.*

Livre-se da dor na parte inferior das costas

A dor na parte inferior das costas costuma ter origem em fatores mentais ou emocionais de tensão, tais como iniciar um novo negócio ou tratar de conflitos nos relacionamentos. As quatro fontes mais comuns dessa dor são:

1. músculos abdominais fracos
2. enrijecimento na base da coluna
3. parte inferior das costas fraca
4. enrijecimento dos tendões.

Com o fortalecimento dos músculos abdominais, com o alongamento e o fortalecimento dos músculos da parte inferior das costas e com o alongamento dos tendões (na parte posterior das pernas), reduz-se ou elimina-se a maioria dos casos de dor na parte inferior das costas. É claro que a massagem e o trabalho com os tecidos profundos, bem como o trabalho da correção da postura, também ajudam a curar problemas com as costas.

A flexibilidade, a força e o relaxamento têm íntimos vínculos entre si. Para se tornar natural, o movimento requer o concurso dos três. Uma junta enferrujada não pode ser movimentada por nenhuma quantidade de força. Se quiser levantar a perna no ar para fazer um passo de dança, chutar uma bola ou fazer um movimento de ginástica, você vai precisar tanto da força (para levantar a perna) como da flexibilidade (para permitir a plena gama de movimentos mediante a qual os músculos funcionam). O movimento eficaz sempre pede a integração e o equilíbrio da flexibilidade e da força.

A flexibilidade — desenvolvida mediante a percepção da tensão, do relaxamento consciente e do alongamento adequado — vai melhorar seu desempenho no jogo e reduzir vários problemas musculares decorrentes da prática de esportes. Ela aumenta a capacidade de reação muscular por meio do aumento do fluxo sangüíneo. Você vai se sentir mais ativo e desperto na vida cotidiana com o aumento da sua gama de movimentos. Você vai se sentir literalmente jovem outra vez. Você poderá ter a flexibilidade de um ginasta ou de um dançarino.

Com o relaxamento, você vai ficar flexível. Com o aumento da sua flexibilidade, você também vai tender a ficar relaxado de maneira mais natural. No seu relaxamento, você vai passar a perceber outra mudança — que constitui o nosso próximo tópico.

Sensibilidade

Um mestre lendário de tai-chi era tão sensível às forças ao seu redor que, se uma mosca pousasse no seu ombro, ele se inclinava um pouco devido ao "impacto" desse inseto. Um pardal não podia soltar da palma da sua mão e voar, porque, quando dava o impulso, a mão do mestre baixava sob as pernas da ave. Todos gostam de ouvir histórias acerca dessas pessoas que parecem possuir atributos ou capacidades "sobrenaturais". Mas a descrição desse mestre de tai-chi reflete apenas capacidades naturais aprimoradas num alto grau por meio da prática.

Sensibilidade significa apenas aprimoramento dos sentidos, podendo referir-se à visão, à audição, ao paladar e assim por diante. Têm mais relevância para os atletas os receptores sensórios e os sentidos cinestésicos que lhes permitem mover-se com eficácia. Entre esses elementos estão: o equilíbrio, o reflexo vertical ou capacidade de detectar sutis desvios da posição vertical e de corrigi-los; a *coordenação,* a capacidade de mover diferentes partes do corpo independentemente, com diferentes graus de contração muscular, ou de unificar deliberadamente todas as partes ao redor de um eixo central de movimento; a *sincronia* e o *ritmo,* a capacidade de iniciar ou de interromper um dado movimento no momento correto; e a *velocidade de reflexo,* a capacidade de reagir com rapidez a um dado estímulo.

Seria de esperar que alguém com excelente coordenação tivesse uma boa sincronia e um bom ritmo, além de um equilíbrio superior e reflexos rápidos. E é isso o que acontece. O equilíbrio, a coordenação, a sincronia, o ritmo e a velocidade de reflexo estão relacionados entre si; eles são apenas diferentes manifestações da *sensibilidade* neuromuscular. À medida que você desenvolve uma grande sensibilidade, *muitos* atributos vão se revelar.

Se você se concentrar num dos aspectos da sensibilidade, como o equilíbrio, por exemplo, os outros aspectos também vão se desenvolver. Essa é uma das razões por que é bom que você se dedique a uma variedade de atividades que envolvam movimento. O jogador de tênis proficiente que, a fim de melhorar o seu jogo, faz aulas de ginástica, de dança ou de hatha ioga (que exigem mais em termos do aprimoramento do equilíbrio, da flexibilidade e do relaxamento) é um atleta sábio.

Você não tem de fazer nada além do que foi esboçado aqui para obter maior flexibilidade; esta virá com o reconhecimento da tensão e com o relaxamento: trata-se de um resultado natural do alongamento delicado e do pedido "gentil" ao corpo de uma gama maior de movimentos a cada dia.

A sensibilidade permite que você aprenda com mais rapidez e facilidade, porque o seu corpo reage de modo mais veloz. Com o aumento da sensibilidade, você percebe os erros mais prontamente e os corrige de maneira mais coerente. Você imita melhor os especialistas, porque abre os circuitos entre os seus olhos e a sua reação muscular. Você rompe com antigas compensações inadaptadas com menos dificuldades, porque deixa para trás o seu profundo aprisionamento a padrões de tensão.

Você aprendeu que primeiro é preciso reconhecer um erro para poder corrigi-lo. Faça a seguinte experiência:

Há várias razões pelas quais você pôde sentir mais facilmente a diferença de peso entre os dois objetos quando relaxado, mas elas não são importantes aqui. O propósito principal desse exercício é mostrar o ponto até o qual a tensão pode limitar a sua sensibilidade. Em níveis mais sutis, mesmo uma pequena tensão perturba um sentido aprimorado de equilíbrio, de sincronia, de coordenação e de veloci-

Teste 1. Olhe ao seu redor e descubra dois objetos próximos de peso diferente, como um peso de papel e um lápis.

Você deve pegar um dos objetos e depô-lo em algum lugar e, em seguida, pegar o outro e também depô-lo — sentindo a diferença de peso.

Teste 2. Levante os objetos, um de cada vez, mas com o braço relaxado. Veja como é fácil sentir a diferença de peso entre os objetos.

dade de reflexo. O atleta natural é um complexo de contrastes aparentes, capaz de pôr em uso uma força fenomenal, porém tão suave, delicada e sensível que pode captar os mais sutis indícios. Com o progresso do seu treinamento natural, você vai dissolver mesmo os bloqueios sutis da aprendizagem.

A mensagem primordial desta seção é a de que é preciso mais do que correr de qualquer maneira e praticar esportes às cegas para desenvolver uma base para o trabalho físico natural. É preciso, em primeiro lugar, restabelecer uma ordem natural de treinamento com prioridades inteligentes. Eis por que enfatizo o relaxamento acima de tudo. *Depois,* é possível desenvolver adequadamente a força sem perda de energia. Livre de tensões desnecessárias, você pode desenvolver com mais eficácia a flexibilidade. Todos esses atributos servem de base à sensibilidade, e tudo o mais se encaixa. Não obstante, desenvolver capacidades requer prática, e a prática requer ânimo. Voltamo-nos agora para o ânimo e para o seu papel no talento físico.

Ânimo

Os atletas mais proficientes passam muito tempo jogando e praticando. Nenhum atleta se tornou especialista sem investir tempo e energia na sua atividade. Logo, à sua própria maneira, o ânimo — ou a capacidade de trabalhar por um período de tempo — constitui um aspecto vital do talento físico.

O ânimo é um reflexo perfeito da lei da acomodação — a lei segundo a qual uma exigência feita por um período de tempo produz um desenvolvimento específico. É preciso ânimo para realizar seja o que for por um longo período de tempo. Escrever um livro, por exemplo, requer um tipo de ânimo diferente do necessário para participar de uma maratona. Qualquer pessoa que tenha enfrentado o tráfego no horário de pico ou longas filas no banco sabe que também há tipos mentais e emocionais de ânimo. Como esta seção se ocupa da capacidade física, contudo, vou me concentrar no ânimo físico ou resistência.

Se você exigir dos seus pulmões e do seu coração que transportem oxigênio para os tecidos com mais rapidez, eles vão se acomodar a isso. Se exigir dos músculos que trabalhem por períodos de tempo mais longos, eles vão se adaptar a essa exigência. O princípio do desenvolvimento aeróbico se apóia nisso. A capacidade aeróbica é uma medida precisa do ânimo ou resistência de cada um.

O ânimo é uma reação natural ao treinamento; portanto, não é necessário despender tempo para desenvolvê-lo antes de começar o treinamento. Na verdade, isso nem sequer seria desejável, uma vez que o melhor ânimo para você é específico da atividade que você escolhe. Se você for jogador de tênis, é melhor jogar várias partidas do que correr 15 quilômetros no parque.

O ânimo também é uma função do vigor, da flexibilidade e do relaxamento. Os atletas naturais, que se libertaram do ônus da tensão crônica, precisam, quando relaxados, de menos esforço para adquirir ânimo. A flexibilidade permite mais movimentos com menos dispêndio de energia, porque, quando um atleta é flexível, as suas juntas estão livres dos problemas decorrentes da constrição dos tecidos conjuntivos. Todos os atletas têm de desenvolver o ânimo ao longo de períodos de tempo, mas os atletas naturais já o têm quando começam.

Entrar em forma leva tempo, mas não tanto tempo quanto alguns de nós receiam. Lawrence Morehouse, pesquisador da Universidade da Califórnia em Los Angeles, e outros colegas, descobriram que, em seis semanas de inatividade, podemos perder 80% do nosso condicionamento físico — e, em seis semanas de treinamento progressivo, também podemos recuperar 80% do nosso ponto máximo.

Não temos de nos machucar para desenvolver o ânimo. O corredor que treinou por duas semanas correndo dois quilômetros em pista plana e depois resolve começar a correr colina acima por quatro quilômetros está esquecendo a ordem natural. Aprenda a desenvolver o ânimo *de maneira gradual*. Você vai, inevitavelmente, alcançar qualquer nível de boa forma que quiser, dependendo do tempo dedicado ao treinamento progressivo — e *não* da velocidade com que o fizer. "Entrar em forma" pode ser uma atividade plenamente revigorante e agradável. Vão ser necessários alguns ajustes e até mesmo certo desconforto para que o seu corpo se adapte a uma exigência crescente; mas, se sentir muitas dores, você estará "apressando o rio".

Embora o melhor treinamento para a resistência seja a prática *específica* do seu esporte, você pode, antes da época dos jogos ou fora dessa época, praticar a resistência geral dedicando-se ao treinamento da força ou a atividades aeróbicas. Se o fizer, você será capaz de iniciar o treinamento regular sem exaustão, sem dores e sem contusões nos seus primeiros dias de entusiasmo.

Como evitar contusões

As contusões são a praga dos atletas. A dor envolvida é o *menor* problema. Uma única contusão, quer venha depois de um período de tempo ou de repente, pode acabar com todo o tempo e energia do treinamento, e até mesmo encerrar permanentemente uma carreira. As contusões deixam inevitavelmente vestígios de tensão e de medo no corpo. Elas são um retrocesso traumático e nunca parecem acontecer no momento conveniente. A contusão é a negação do propósito primordial do esporte: a saúde e o bem-estar.

A contusão é, na maioria das vezes, resultado de fraquezas fundamentais num aspecto mental, emocional ou físico do talento (ou numa combinação deles). Os "acidentes" na realidade não são acidentais. Se nos contundimos, ou se alguém nos provoca uma contusão, *alguém* não estava prestando atenção, estava irritado ou não estava fisicamente preparado. Na verdade, essas três variáveis — atenção, irritação e falta de preparação — explicam todos os "acidentes" da vida diária que podem ser atribuídos a falhas humanas.

Em conseqüência, para evitar "acidentes", precisamos desenvolver clareza mental e atenção, estabilidade emocional (e uma motivação permanente), bem como preparação física. Elas são as três melhores apólices de seguros que você pode ter — sem lhe custar um centavo.

A contusão *aguda,* resultante de um impacto (uma queda, uma colisão, um golpe) ou de outra força (uma torção ou um estiramento), que esteja além dos limites de tolerância do corpo, é na verdade muito mais rara do que as contusões *crônicas* ou aquelas desenvolvidas ao longo de períodos de tempo em função do treinamento inadequado ou da preparação insuficiente. O treinamento natural ajuda a eliminar ambos os tipos de contusão ao cortar as suas raízes.

No intuito de pôr em relevo para você algumas das principais causas da contusão — mental, emocional e física —, vou criar uma personagem, um rapaz desajeitado chamado Jerry.

Jerry torceu o tornozelo e não consegue entender por que esse "acidente" lhe aconteceu.

Fatores mentais. Jerry se distrai com muita facilidade, ou por causa dos seus próprios pensamentos ou das coisas que acontecem ao seu redor. Ele se considera um "cabeçudo". Tem o hábito de criticar a si mesmo impiedosamente e alimenta a tendência de punir a si mesmo com a dor. Tem sérios conflitos com relação a competições e a temporada está prestes a começar.

Fatores emocionais. A motivação de Jerry para jogar é ciclotímica. Às vezes, ele está de fato "aceso", mas outras vezes desejaria ficar no banco. Ele sempre teve medo dos esportes de contato e de todas as manobras arriscadas, o que o faz ficar tenso no momento errado. Há ocasiões em que Jerry recua e hesita. Às vezes, ele fica irritado e percorre com movimentos pesados a quadra, sem prestar atenção ao que está se passando.

Fatores físicos. Os tornozelos de Jerry são rígidos e relativamente fracos. Por causa da tensão geral, ele é insensível à fadiga e, em alguns dias, exige demais de si; está acima do peso normal e seu estado geral é sofrível.

Jerry deveria agradecer por só ter torcido o tornozelo.

Rememorando as poucas contusões que infligi a mim mesmo no campo do atletismo, vejo hoje com clareza as razões e tenho conseguido evitar maiores traumas. Quantos de nós "sabiam mas não fizeram"! Sabíamos que não deveríamos levantar um objeto pesado como aquele, mas levantamos, sabíamos que não deveríamos ter jogado cansados ou distraídos, mas jogamos.

Os atletas interiores experientes estão em sintonia com as necessidades do seu próprio corpo; por conseguinte, as contusões são extremamente raras em seu treinamento. Eles reconhecem muito bem a contusão como o preço pago pela insensibilidade e pela desatenção.

O equilíbrio da mente e do corpo

A corrente se parte no elo mais fraco.
O mesmo acontece conosco.

— Anônimo

Terminei de fazer um resumo do sentido do talento e da maneira como se pode desenvolvê-lo em termos dos três centros da mente, das emoções e do movimento. Quando deparei pela primeira vez com essa abordagem do treinamento atlético, surpreendi-me ao perceber que dar atenção a algo como a respiração poderia abrir o caminho para um melhor equilíbrio ou para uma maior força efetiva, por causa da influência da respiração sobre o corpo, sobre a mente e as emoções. No entanto, funciona.

O exercício a seguir mostra como a mente pode ajudar o corpo a ter equilíbrio com os pés firmes no chão.

Esse "arraigamento ao solo" é o que os antigos mestres de tai-chi aperfeiçoaram por meio da atenção ao talento da mente e do corpo. Ninguém conseguia tirá-los do lugar. Diz a lenda que o seu domínio das leis naturais lhes permitia lançar sem esforço os oponentes no ar.

VÍNCULO COM A TERRA

Tenso. Fique de pé rigidamente, respirando na parte superior do peito, os ombros levantados. Sinta a tensão. Se algum problema o estiver incomodando, comece a pensar nele.

Peça a um amigo — digamos, uma moça — que fique de pé na sua frente e ponha as mãos sob os seus cotovelos e o levante por alguns centímetros do solo enquanto você se segura em seus braços. Permaneça rígido e tenso, a respiração branda, enquanto ela o levanta.

(Não importa se sua amiga pode ou não levantá-lo, desde que vocês dois possam sentir a diferença entre a primeira e a próxima tentativa.)

Equilibrado. Em seguida, solte os músculos e relaxe. Relaxe a mente sentindo a respiração se realizar agradavelmente na parte inferior do abdômen. Sinta-se fisicamente pesado e estável, como um gato preguiçoso ou como um bebê adormecido. Descontraia os ombros. Imagine que toda a parte inferior do seu corpo está oca — e, em seguida, repleta de água.

Descansando os braços nos braços de sua amiga, peça-lhe que o levante da mesma maneira de antes — lentamente, sem nenhum movimento ríspido. Se mantiver esse relaxamento e equilíbrio, levantá-lo vai se tornar muito difícil, talvez impossível. Você vai se sentir preso ao solo.

Ao encerrar esta seção, examinamos o estado unificado.

O satori e o atleta interior

Satori é uma palavra da tradição zen japonesa que indica um "súbito despertar" ou introvisão da nossa natureza fundamental. Essa introvisão não resulta de conceitos mentais ou de idéias abstratas, mas da fusão momentânea e experiencial do corpo, da mente e das emoções. Vivenciamos o satori:

- quando a *mente* está livre de distrações interiores e concentrada no momento presente;
- quando as *energias emocionais* fluem com liberdade, não-inibidas, expressivas, manifestando-se como motivação;
- quando o *corpo* se sente vitalizado, relaxado, energizado e sensível. O atleta, o artista e o músico vivenciam esse estado no momento da verdade. Você pode, na realidade, vivenciá-lo agora, com o exercício a seguir.

SATORI INSTANTÂNEO

Pegue as suas chaves, uma fruta ou qualquer objeto manuseável e vá para o ar livre. Atire o objeto no ar. Ficando relaxado e tranqüilo, pegue-o. Assegure-se de pegá-lo. Então, volte para dentro de casa e continue com este exercício.

Agora considere o momento em que o objeto estava no ar. Nesse momento, você não estava pensando no que teria para o jantar ou no que fez ontem. Você não estava pensando em coisa nenhuma. Você pode ter dado atenção aos pensamentos quando jogou o objeto para o alto ou depois de tê-lo pegado no ar; porém, durante o arremesso, você era pura atenção, tentando alcançar o objeto, cuja queda você esperava. Nesse momento, suas emoções estavam livres e seu corpo estava alerta e vitalizado — um momento de satori.

Esse estado de integração da mente e do corpo, de harmonia entre o interior e o exterior, gera boas sensações em todos os níveis. Trata-se do estado que os atletas descrevem em metáforas reluzentes; é a essência da meditação dinâmica e a "razão" instintiva pela qual apreciamos os esportes. Essa condição é o alvo interior do arqueiro zen. E, com o passar do tempo, ela vem a ser o estado natural do atleta interior.

O satori é o cerne da experiência do movimento, um vislumbre da paz interior e da força interior.

TRÊS

O Atleta Interior em Ação

As grandes obras são realizadas,
não pela força,
mas pela perseverança.

— Samuel Johnson

Todas as técnicas de treinamento úteis refletem a lei natural. Uma postura firme e estável, mas descontraída, da parte inferior do corpo, e a sensibilidade de suas partes superiores, que vemos tanto nos praticantes de artes marciais como nos dançarinos de balé, refletem a sabedoria da natureza. Só a árvore que tem raízes e tronco fortes, mas galhos flexíveis que se inclinam ao sabor do vento, resiste a um furacão.

À medida que incorporamos a lei natural mediante a prática consciente, dominamos a técnica sem memorizar livros sobre "como fazer". Embora a maioria dos treinadores e professores disponha de um amplo estoque de princípios relevantes para o seu campo específico, os princípios mais potentes se aplicam universalmente a todo esporte ou forma de movimento.

O Capítulo 7 apresenta utilíssimas técnicas de aprendizagem baseadas na lei natural.

7

Treinamento: Instrumentos para a transformação

O que conta não é o número de horas dedicadas ao treinamento, mas o quanto você se dedica nessas horas.

— Anônimo

Neste capítulo, vou partilhar com você princípios essenciais que aprimoram e aceleram a sua aprendizagem. Não importa a atividade que você pratica; você será capaz de aplicar à sua atividade os princípios, perspectivas e práticas a seguir.

O aquecimento e as transições da vida

Nossa vida está cheia de ciclos e de períodos de transição. Nossa passagem da condição de bebês para a infância, para a adolescência e para a idade adulta exigiu muitas transições para formas cada vez mais avançadas de comportamento, de responsabilidade e de compreensão. O nascimento e a morte são as Grandes Transições. A graduação, o começo de uma atividade profissional, o casamento, a criação de filhos e a hora de aposentadoria são exemplos menores, porém típicos, das mudanças por que passamos na vida. A própria vida consiste numa série de mudanças, por vezes tranqüilas e organizadas, e outras vezes inesperadas, minuto a minuto, dia após dia, ano após ano. Os atletas interiores precisam da capacidade de reconhecer esses períodos de transição tanto no treinamento como na vida cotidiana.

Anos atrás, quando trabalhava num escritório de muito movimento, eu costumava resmungar com minha mulher quando chegava em casa, o que só teve fim quando me dei conta de que tudo o que precisava era de um período de transição de 15 minutos para me descontrair, me desacelerar e me desligar do trabalho antes de estar pronto para ouvir alegremente as notícias do dia.

A maioria das nossas transições são súbitas ou passam despercebidas. A adolescência é uma transição que deixa muitos de nós despreparados e traumatizados. São muitos o que têm dificuldade com as transições do despertar pela manhã ou de ir para a cama à noite. Nossa mente, nossas emoções e nosso ritmo físico podem estar ainda ajustados a uma outra freqüência no momento em que começamos uma nova atividade que exija vibrações muito mais lentas ou muito mais rápidas. Não admira que algumas vezes tenhamos dificuldade em tratar de novas situações.

As transições são períodos intermediários. Quando saímos do trabalho e voltamos para casa, estamos num período intermediário. Quando lançam uma bola e começam a caminhar para o lugar onde ela se encontra, os jogadores de golfe estão num período intermediário. Aprender a aproveitar e usar esses períodos intermediários é algo que vai deixar nossa vida livre de sobressaltos. Até aprendermos a apreciar o valor das transições, nossa vida é feita de movimentos desajeitados, em altos e baixos, em paradas e recomeços — enfim, uma série de choques. Fazemos uso consciente das transições ao perceber, quando estamos passando de um tipo de atividade para outro, quais delas podem exigir uma abordagem mental, emocional ou física diferente.

Em vez de acordar sobressaltados e pular da cama pela manhã, podemos julgar útil ajustar o despertador para quinze minutos antes, dando-nos tempo de ir à cozinha e de colocar água para ferver a fim de fazer um chá de ervas, ler por alguns minutos, dar uma olhada pela janela e respirar fundo algumas vezes, para dizer alô a um novo dia. Começo o meu dia sentado, com os olhos ainda fechados, fazendo alguns exercícios lentos de respiração profunda e tomando um copo de água antes de me levantar.

Você pode querer incluir alguns exercícios físicos leves ou uma caminhada ao redor do quarteirão antes do café como parte de sua transição matutina. Isso é apenas uma sugestão; o importante é que você crie rituais de transição que funcionem para você.

Em nenhum campo o ritual de transição é tão importante quanto no mundo do atletismo. Damos a esse ritual o nome de aquecimento; ele serve de espaço de passagem entre os eventos anteriores do dia e o momento da verdade na arena do atleta. Um aquecimento adequado serve para nos preparar para as exigências especiais do esporte, ajudando-nos a evitar dias em que nada parece dar certo.

A maioria das pessoas está familiarizada com o aquecimento físico dos músculos, com o alongamento e com a preparação física para a intensidade do treinamento. Relativamente poucos atletas apreciam a importância de um aquecimento mental e emocional concomitante.

Dedicar-se ao *aquecimento mental* significa determinar um claro curso de ação para o dia. Você vai querer escolher metas realistas baseadas nas circunstâncias e no seu nível de energia de cada dia. O aquecimento mental envolve a concentração no lugar da prática, deixando-se de lado todos os problemas e preocupações do dia. É preciso cultivar a atitude adequada de respeito e de gratidão — ou "quadro" mental correto — para a sua atividade. Esse é o propósito da tradição japonesa de fazer uma mesura quando se entra no lugar da prática e quando se sai dele.

Assim como o atleta do decatlo precisa de uma transição entre uma modalidade e outra, um ginasta necessita de uma transição mental entre dois aparelhos devido às qualidades diferentes que cada um apresenta. Mesmo um dançarino de salão precisa fazer a transição entre uma valsa e uma dança moderna. Os corredores e os nadadores cultivam atitudes diferentes dependendo da distância a ser percorrida; os jogadores de golfe precisam de um aquecimento mental diferente, dependendo do lance a ser jogado. O aquecimento mental proporciona a concentração e a energia adequadas para cada atividade.

Você deve iniciar o aquecimento emocional com uma respiração profunda e apaziguante. Depois, pode recuperar a animação inicial que você sentiu quanto ao seu esporte e formar umas poucas imagens mentais (aquecimento mental) que criem uma energia emocional mais intensa. Escolha o seu objetivo emocional — concentre-se naquilo que o anima a treinar. Imagine-se tendo sucesso, atingindo suas metas; retrate-se mentalmente vencendo em decorrência de um bom dia de prática. Sinta o quanto você pode ganhar por meio da energia sabiamente dirigida.

O aquecimento mental e emocional pode parecer longo e absorvente, mas pode ocorrer, na prática, quase simultaneamente, na velocidade do pensamento. O processo inteiro pode acontecer ao longo de cinco lentas respirações profundas ou de um momento de calma contemplação enquanto você faz a sua transição. Muitos atletas fazem algo parecido inconscientemente. Os atletas interiores o fazem consciente e estrategicamente a fim de controlar e amplificar a sua direção e a sua energia para o dia.

O aquecimento físico deve ser um período definido reservado especialmente para esse propósito. Ele não tem de ser (e provavelmente não dever ser) um processo longo e absorvente. Mas é um período para se deixar o corpo literalmente *aquecido,* oxigenado, plenamente desperto, livre de empecilhos — energizado e relaxado. Nunca faça o aquecimento apressadamente — ele não é o acontecimento principal. Nosso corpo é como um automóvel. Você não iria querer ligar um motor frio e depois correr a toda velocidade. O combustível (ou, no nosso caso, o sangue) não está quente, ainda não está fluindo.

Você pode começar alguns dias sentindo-se "quebrado" ou em letargia. Não deixe que isso o desestimule. Alguns dos meus melhores dias de treinamento começaram assim e terminaram bem; foi apenas necessário mais tempo para que o corpo se aquecesse nesse tipo de dia.

Depois de uma sessão de treinamento, você pode querer fazer alguns exercícios de alongamento e de respiração profunda como *desaquecimento.*

Aprendendo a aprender

Quando você era criança, provavelmente teve a oportunidade de brincar num terreno baldio, pouco depois de uma nevasca, quando a terra crua estava escondida sob uma pequena camada de neve. Talvez naquele inverno você tenha sido a primeira criança do seu prédio a percorrer esse caminho intacto e limpo no tapete crocante e profundo de branco.

Os caminhos neurológicos que você percorre quando aprende um novo padrão de movimento são como os caminhos pelo campo cheio de neve. O tapete branco é o seu sistema nervoso; o caminho é neural, representando um padrão de movimento ou habilidade específica.

Feita a preparação, você está pronto a desenvolver sua nova habilidade — e percorrer o caminho neural correto. A repetição desse percurso vai levar ao desenvolvimento da sua habilidade. Isso se aplica a

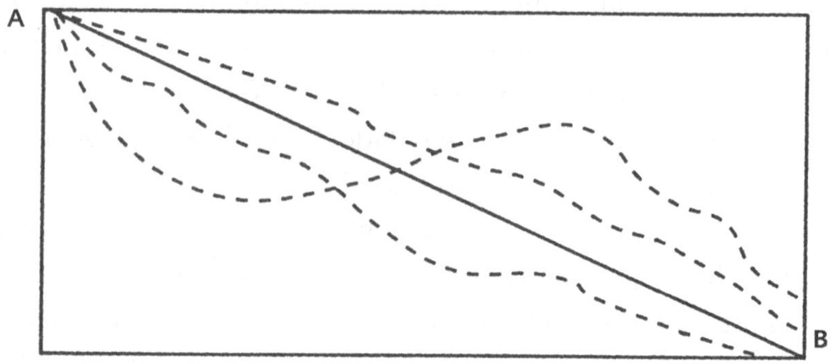

todo padrão de movimento, simples ou complexo, seja correr, saltar, agitar um bastão, arremessar uma bola ou dar um triplo salto mortal.

Uso a imagem do terreno coberto de neve (acima) porque ela representa graficamente o que acontece no seu sistema neuromuscular quando você está aprendendo uma nova habilidade. A linha contínua de A a B mostra a execução perfeita de uma habilidade. Se a linha A-B for uma representação da sua primeira tentativa, você estava preparado de maneira plena — mental, emocional e fisicamente — e, portanto, pronto a fazer tudo de modo correto na primeira vez.

Como a maioria de nós não está perfeitamente preparada, nossas primeiras tentativas são representadas pelas linhas interrompidas curvas. Então, aos poucos, vamos nos aproximando da linha A-B. Esse processo de aproximação requer espaços variados de tempo, dependendo da abordagem do aprendizado.

Sua primeira tentativa numa nova habilidade é a mais importante, porque você não formou um caminho anterior. Na próxima vez... e na vez seguinte, é provável que você siga o primeiro caminho que abriu. Sempre que segue o mesmo caminho neural, você estabiliza e reforça a resposta motora, *quer ela esteja correta ou não.*

Cada vez que se permite praticar um movimento de maneira incorreta, você está aumentando sua capacidade de fazê-lo erradamente. Logo, você vai querer repetir o padrão de movimento correto sempre que puder e evitar a todo custo repetir um padrão incorreto. Em conseqüência, uma regra fundamental da aprendizagem é: *Nunca cometa o mesmo erro duas vezes.*

Sabemos que os erros fazem parte da aprendizagem; você vai cometer erros. Contudo, para evitar a estabilização dos erros, você tem de cometer conscientemente erros *diferentes* a cada vez a fim de encaminhar-se para o padrão correto. Se cometer erros diferentes, você não se habituará a nenhum padrão de movimento incorreto. Este é um ponto muito importante, porque uma das causas essenciais da aprendizagem lenta é a repetição de uma resposta motora incorreta (e, por conseguinte, o habituar-se a ela). Você se acostuma a balançar o bastão numa posição muito baixa; habitua-se a arquear-se quando tem de se apoiar nas mãos; você começa a se sentir acostumado a transferir o peso para o pé errado na hora de atirar a bola no jogo de golfe.

Quando você conscientemente torna cada tentativa *diferente,* você está simplesmente fazendo experiências com as muitas possibilidades de erro, enquanto se aproxima aos poucos do caminho reto, do caminho certo, sem criar maus hábitos.

Concentração e prática

Se você praticar o lançamento de 1000 bolas de golfe por dia e *prestar realmente atenção* a apenas 200 lançamentos, estará perdendo 800 lançamentos por dia — e, com efeito, esses 800 lançamentos semiconscientes podem estar fazendo mais mal do que bem porque, como acabei de dizer, você pode formar maus hábitos sem se dar conta, como se andasse pelo terreno baldio enquanto dorme.

A prática não faz a perfeição; só a prática perfeita a faz. A técnica de aprendizagem adequada consiste não apenas em tentar seguir o padrão correto como também em evitar o incorreto. Mantenha-se plenamente concentrado em sua mente e em seu corpo em *toda* tentativa que fizer durante a prática. Se cometer um erro, nunca se permita simplesmente "fazer tudo outra vez". Reserve um momento para tomar plena consciência *do que deu errado;* se você não fizer isso, vai simplesmente repetir o erro. Depois disso, faça uma tentativa determinada de executar algo diferente.

Os estágios da prática

A maioria das pessoas supõe que, se queremos nos tornar habilidosos em alguma coisa, temos de praticar repetidamente a habilidade que temos em vista. Isso não é necessariamente verdadeiro. A maioria dos iniciantes tende a praticar *demais.* Se você é iniciante numa atividade particular, terá provavelmente, no começo, um baixo nível de "percepção". Você não sabe exatamente o que a habilidade, realizada de maneira correta, deve ser. Por isso, não repita a atividade muitas vezes para não correr o risco de desenvolver padrões incorretos. Em vez disso, comece repetindo a atividade *poucas* vezes, mantendo uma *concentração intensa* e um *real interesse.* Você pode continuar enquanto a concentração e o interesse forem fortes; mas, se começar a repetir um erro ou se o interesse real e a atenção começarem a desaparecer — se a sua abordagem se tornar casual —, pare e volte a praticar mais tarde. A prática é como o jogo: você tem de saber quando parar. Só quando você descobrir que pode repetir de modo coerente o padrão correto é que você deverá começar a fazer muitas repetições para obter resistência e estabilização.

Seguindo esse princípio, aprendi por mim mesmo, num período de tempo muito curto, a jogar três bolas. Eu tentava cada progressão, começando com uma bola, passando a duas e chegando a três, apenas quatro ou cinco vezes por dia. Praticando cinco minutos por dia, em cinco dias eu sabia fazê-lo. É bem verdade que algumas pessoas, praticando uma hora ou duas, poderiam aprender a mesma coisa em *um* dia. Mas o que quero acentuar é que o modo que sugiro, em harmonia com a *ordem natural* e com a dinâmica psicológica realista, vai lhe permitir aprender *corretamente*. Muitas pessoas que aprendem depressa também obtêm poucas compensações e padrões de hábito sofríveis. Elas podem desenvolver a capacidade com rapidez, mas não a aprendem necessariamente *direito*. Reserve tempo para aprender corretamente e você economizará tempo. Há uma grande diferença entre aprender e aprender corretamente.

Quando estiver praticando, pare por um momento entre cada duas tentativas. "Faça uma autoverificação", respire fundo, solte os músculos e relaxe. Sinta a percepção percorrer-lhe o corpo e chegar à ponta dos seus dedos. Sinta o seu vínculo com a terra. E só então continue.

Aprender, portanto, não é simplesmente uma questão de realizar casualmente (ou arduamente) um movimento repetidas vezes. Isso pode dar ânimo e músculos, mas não vai desenvolver necessariamente o caminho mais direto para a habilidade natural. Você precisa de uma *estratégia de treinamento* que empregue a introvisão e a concentração em lugar da repetição mecânica. As técnicas e princípios a seguir compõem essa estratégia de aprendizagem efetiva.

Supercompensação

A *supercompensação* é o mais valioso recurso para a aprendizagem rápida que você vai encontrar. Eis por que: quando faz um tipo de movimento incorreto durante um período de tempo, você se acostuma com esse padrão. Quaisquer mudanças — mesmo as que levem ao padrão correto — vão parecer "estranhas", porque você não está habituado com elas. *Quando você está errado, o que é certo parece errado.* Por causa desse princípio, *as correções tendem a ser insuficientes.* Suas tentativas tendem a se agregar em torno do seu antigo hábito.

Se, por exemplo, você está aprendendo a acertar a bola de beisebol e criou o hábito de balançar o bastão muito alto, sua tendência será continuar a fazê-lo. Mesmo que alguém lhe diga para baixar o bastão, você só vai corrigir um pouco, pois do contrário vai sentir que está "tudo errado". Talvez você baixe um pouco, mas ainda estará fazendo o movimento alto demais.

Em conseqüência, reconhecendo a lei do equilíbrio, você tem de aplicar à sua pratica a supercompensação, trabalhando *ambos os lados* do movimento. Você vai ter de fazer uma tentativa determinada de agitar o bastão "baixo demais". Quando você tenta isso, é melhor que agite o bastão na direção da bola. Depois de trabalhar ambos os lados — alto demais e baixo demais —, você vai saber onde é o meio. (O mais provável, porém, é que, ao tentar fazê-lo "baixo demais", você acompanhe a bola.)

O princípio da supercompensação — ou de trabalhar ambos os lados — aplica-se a elementos relativos à sincronia, ao equilíbrio, à precisão e à força em todo esporte ou arte do movimento possíveis. Ele opera a partir do mesmo princípio giroscópico natural que permite a um míssil teleguiado acertar com rapidez o alvo ao se mover de um lado para o outro até encontrar o meio. "Encontrar o meio" resume a aprendizagem como deve ser.

Usando esse princípio, você deverá ser capaz de se exercitar nessa atividade complicada em poucos minutos. Você poderá então usar a mesma técnica em qualquer empreendimento. Porém, como acontece com muitos outros atletas, você poderá ter resistência a trabalhar ambos os lados; pode parecer uma "perda de tempo" tentar fazer uma coisa deliberadamente errada. Você pode ficar impaciente quanto a fa-

APRENDIZAGEM RÁPIDA POR MEIO DA SUPERCOMPENSAÇÃO

Imaginemos que pegar à sua frente um objeto que você atirou para trás seja uma nova atividade para você. Pegue um limão, ou alguma outra fruta. Jogue-a para trás, por sobre os ombros, e, virando-se, pegue-a à sua frente com a mesma mão. Você pode lançar o objeto acima do mesmo ombro ou do ombro oposto à mão em que você segura o objeto. O principal objetivo aqui é fazer uso consciente da *supercompensação*. Trabalhe com uma variável de cada vez. Se atirar muito para a esquerda, na próxima tentativa atire-a muito para a direita. Se atirar muito para trás, assegure-se de atirá-la bem para a frente. Então você encontrará o meio.

zer tudo certo da próxima vez e querer evitar outra tentativa errada, mesmo quando se tratar do "outro lado". Se esse for o caso, espero que as razões de base da estratégia da supercompensação estejam claras, tornando evidente a sua utilidade em termos de economia de tempo.

Se você for incapaz de trabalhar ambos os lados por falta de vigor, de flexibilidade ou de outras qualidades que lhe permitiriam fazer uso da supercompensação, volte ao básico. Você precisa se preparar melhor; do contrário, só vai aprofundar ainda mais o erro.

Se se sentir muito pouco à vontade ou mesmo com medo de trabalhar ambos os lados por lhe parecer "muito estranho" (especialmente se você estiver praticando um esporte de alto risco), isso é normal. Se você costuma mergulhar do trampolim mais alto e fica mergulhando de um trampolim mais baixo, você pode se sentir nervoso ante a perspectiva de ter de voltar a mergulhar do trampolim mais alto. Ainda assim, o princípio se aplica; você pode usá-lo ou não. Se quer aprender com sucesso e rapidamente, *você tem de estar disposto a trabalhar ambos os lados.*

Ação ideomotora e prática mental

A força da sua imaginação pode ajudá-lo a aprimorar antigas aptidões e a desenvolver novas. Isso é possível por causa da ação recíproca entre a mente e os músculos. No sentido negativo, o pensamento inquieto pode impor a tensão muscular, como você viu. No sentido positivo, as imagens mentais claras podem — mesmo sem um movimento real — desenvolver respostas musculares corretas. Esse princípio pode ser demonstrado com uma experiência simples:

A MENTE MOVE O CORPO

Amarre um objeto leve (como um anel) num barbante de aproximadamente 15 centímetros. Deixe que o objeto fique pendente do barbante, seguro pelo seu polegar e pelo seu dedo mindinho. Mantenha o barbante imóvel e comece a imaginar que o anel está indo para a frente e para trás, para a frente e para trás. Continue a imaginar isso e veja o que acontece.

Em seguida, enquanto o anel ficar indo da frente para trás, imagine que ele gira em círculos; veja os resultados.

Este teste demonstra o fenômeno da *ação ideomotora* — o princípio de que, para cada imagem de movimento, há um impulso muscular sutil correspondente. Se você relaxa o corpo e imagina a si mesmo fazendo um movimento corretamente, os músculos respondem. A ação ideomotora é o princípio-chave da prática mental.

O valor da prática mental está bem estabelecido pelas pesquisas. Um estudo da prática mental usou um grupo de 60 jogadores iniciantes de basquete. O grupo foi dividido em três grupos de 20. O primeiro grupo praticou o arremesso a partir da linha de arremessos livres, tentando conseguir um número especificado de cestas num tempo determinado por um período de duas semanas. Pediu-se ao segundo grupo que praticasse *mentalmente* da mesma maneira — imaginando-se fazendo arremessos. O terceiro grupo realizou atividades não relacionadas com isso durante o mesmo período. Cada pessoa de cada grupo foi testada no começo da prática e depois do período de duas semanas. Como era de esperar, o terceiro grupo não melhorou. Contudo, o que tinha praticado *mentalmente* melhorou quase tanto quanto o que tinha treinado fisicamente.

A moral desse estudo não é, obviamente, que deveríamos começar a praticar esportes no sofá, mas que a prática mental pode ser muito útil como suplemento da prática física. Ganhei a reputação de atleta "inato" quando competi na equipe de ginástica da Universidade da Califórnia, porque eu parecia aprender movimentos difíceis "sem esforço" na primeira tentativa. O que os meus companheiros não sabiam é que eu sonhava com esses movimentos na noite anterior e os realizava mentalmente o dia inteiro antes de tentar fazê-los na prática. Quando por fim executava o movimento fisicamente, parecia que eu já o tinha feito muitas vezes. Essa confiança também me ajudou a vencer o medo.

Especialmente em algumas situações, a prática mental tem nítidas vantagens:

- Ela é absolutamente *segura* — a não ser que você pratique mentalmente seu lance do golfe enquanto dirige na rodovia.
- Você pode fazê-la *em qualquer lugar.* Mas tenha cuidado. Certa vez me imaginei fazendo uma rotina no trampolim enquanto assistia a uma chata palestra de ciência política. Enquanto eu praticava, os meus braços faziam gestos de "contorções" e "saltos mortais". O professor interrompeu a palestra e as oitocentas pessoas da sala fizeram tudo para ver "o rapaz na fila da frente que estava tendo um ataque".
- Não há medo do fracasso na prática mental, porque ela pode ser livre de erros; você pode ter um desempenho brilhante.

Mas essa regra tem exceções. Uma das minhas ginastas na Universidade da Califórnia costumava cair da barra. Tão certo como o sol nascia, com a mesma regularidade com que a segunda-feira se segue ao domingo, ela caía. Caía em dias de semana e em fins de semana, chovesse ou fizesse sol, praticando ou competindo, sem distinção.

Um dia, por puro desespero — pensando em sua segurança e na minha paz de espírito —, sugeri que ela tentasse a prática mental por algum tempo. "Faça mentalmente cinco ou dez séries perfeitas", eu disse, sentindo que talvez assim ela criasse um bom hábito.

Ocupei-me das outras ginastas e, mais tarde, quando dei uma olhadela, eu a vi sentada, o cenho franzido em concentração, os olhos bem fechados, murmurando para si mesma: "Droga! Opa!... Que droga!"

Intrigado, eu lhe perguntei qual era o problema. Ela replicou: "Nada. É que eu fico sempre caindo."

- Outra vantagem da prática mental é que ela é de graça. Se você tiver aulas particulares duas vezes por semana em vez de três, ou uma hora por dia em vez de duas, é possível passar o resto do tempo praticando na imaginação. Você vai ver que isso compensa.
- A prática mental é a garantia da concentração automática, porque a concentração é parte do esforço mental.
- Você pode se exercitar fisicamente de vez em quando deixando que o seu corpo faça os movimentos sem prestar atenção. Mas isso não é possível com a prática mental. Por isso, ela não é tão fácil quanto parece. Você tem de desenvolver a sua capacidade de visualização, de criação de imagens e de concentração; porém, quando você conseguir, seu esforço será muito bem recompensado.

Você pode usar a prática mental quando estiver doente ou contundido, ou em momentos do dia em que não tenha muito a fazer. É melhor do que pensar nos seus problemas, além de facilitar a vitória sobre os oponentes.

Enquanto você imagina a si mesmo saindo-se bem na competição ou na prática, sua visualização também serve para acabar com qualquer idéia limitadora de si mesmo, visto que o subconsciente não distingue muito entre o que você faz ou vê e o que você imagina vividamente.

Os atletas que progridem com mais rapidez do que competidores igualmente preparados apenas se empenham mais na prática mental. Quando alguém me perguntava como eu aprendia um determinado movimento, eu brincava: "Ah, eu penso muito nele." Contudo, é verdade: pensar no movimento era parte da minha prática.

A prática mental explica o fenômeno comum de atletas que voltam ao esporte depois de uma interrupção e descobrem que a sua técnica melhorou. Explica também a ocorrência de uma grande melhoria numa habilidade numa segunda-feira depois que um atleta teve problemas com ela na sexta-feira anterior e tirou o fim de semana de folga. O mero fato de se pensar no movimento permite esse progresso, porque ninguém erra nessa prática mental. A prática mental é mais eficaz do que a prática física.

O principal requisito da prática mental é um estado de completo relaxamento a fim de que nenhuma outra tensão muscular interfira na resposta adequada. Enquanto pratica mentalmente, você pode deitar-se ou ficar sentado calmamente. É claro que é preciso ter uma boa idéia do movimento antes de praticá-lo na imaginação. Uma vez que saiba como ele deve ser, pratique-o repetidamente na imaginação.

A prática em câmera lenta

A prática em câmera lenta, um método para alcançar os mais altos níveis de domínio, lhe dá a oportunidade de ter consciência de *todas as partes* de um movimento, seja ele um arremesso, um lançamento ou um golpe de caratê. Quando realiza uma atividade em câmera lenta, você pode sentir partes complexas da ação, como a mudança de peso e a coordenação de partes do corpo. Como a maioria dos erros incons-

EXPERIÊNCIA DE CÂMERA LENTA

Teste 1. Mantenha a mão direita na frente do rosto de modo a olhar para a palma. Mova rapidamente o seu braço direito para o lado, virando a palma da mão para fora e pare. Observe que você só percebeu o começo e o fim desse movimento.

Teste 2. Agora, repita a mesma seqüência, porém, desta vez, mova o braço e a mão em câmera lenta — com toda a lentidão que puder. Faça que o movimento dure ao menos um minuto. Tome consciência do relaxamento dos músculos do braço e da mão. Observe como cada dedo se vira; veja com clareza os diferentes ângulos de sua mão, como se olhasse para ela pela primeira vez.

Neste teste, você teve plena consciência do movimento do braço e da mão em sua inteireza, do começo ao fim. Descobri, depois de um período de prática da câmera lenta, que podia me mover com mais rapidez do que nunca porque, ao me mover lentamente, eu me apercebia da tensão e era capaz de me livrar dela. Sem tensão, é possível nos movimentarmos com velocidade estonteante.

cientes ocorre no meio de uma seqüência de movimentos, fazê-los em câmera lenta pode trazer benefícios surpreendentes em termos de facilidade e rapidez de aprendizagem, porque os erros que antes estavam ocultos podem tornar-se dolorosamente evidentes.

A prática da câmera lenta equivale ao estudo com filmes de treinamento de repetição instantânea em câmera lenta, embora, na prática, você também *sinta*, em vez de apenas ver. Você pode usar essa técnica em quase todos os esportes ou formas de movimento. Ela se presta particularmente bem a atividades como o golfe, o beisebol, o tênis e o handebol. No treinamento de ginástica, eu costumo obrigar os atletas a realizarem lentamente os movimentos de um salto mortal a fim de que eles possam tomar consciência de cada parte da virada do corpo. A prática em câmera lenta amplia a consciência e elimina os pontos obscuros presentes nos movimentos rápidos. Você pode ser muito criativo na aplicação da câmera lenta a diferentes atividades. (Se você descobrir uma maneira de aplicá-la ao pára-quedismo, eu bem que gostaria que você me explicasse como.)

A câmera lenta *funciona,* e é divertida. Tal como os praticantes do tai-chi, você pode até descobrir que o esporte em câmera lenta é uma forma de meditação em movimento.

O método do começo e do fim

Os pontos inicial e final são a chave para uma habilidade de movimento completo. Às vezes, não é prático trabalhar em câmera lenta — por exemplo, ao aprender a dar uma cambalhota ou um salto mortal. Em casos como esses, vale a pena dar grande atenção a uma posição inicial e final perfeita. Você pode não ter nenhuma idéia de onde está no meio, mas se as posições inicial e final estiverem certas, *o meio vai cuidar de si mesmo.* Eis por que tantos treinadores enfatizam instintivamente a seqüência correta.

O golfe em particular se beneficia da consciência da seqüência do processo. Não se limite a balançar o taco, atingir a bola e ir em frente. Pare por um momento e verifique a sua posição, o seu equilíbrio, a posição dos braços, da cabeça e do corpo. Quando ensino golfe, a ênfase principal recai sobre o equilíbrio de todo o corpo; depois, mostro a melhor posição inicial e final. Isso forma a base de um jogo coerente.

A aplicação física da consciência do começo e do fim é que, se completar um movimento e descobrir que está na posição final errada — por exemplo, se, ao tentar dar um salto mortal, você cair de nariz em vez de cair em pé —, você deverá mover-se com toda a rapidez possível para a posição final correta. Da próxima vez, você vai descobrir que não estará tão longe — talvez caia de orelha — e, mais uma vez, deverá mover-se instantaneamente para a posição final correta. Dentro de pouco tempo, você simplesmente vai acabar na posição adequada, e a parte intermediária da seqüência também será realizada com acerto.

A prática da parte e do todo

Toda atividade, assim como o funcionamento do carburador de um carro, é feita de partes componentes. Se você quiser limpar o carburador e descobrir por que ele não está funcionando bem, você o retira e descobre o ponto problemático. O mesmo se aplica a uma atividade que envolva o movimento. Todo o carburador — ou a atividade — pode estar fundamentalmente bem... exceção feita de uma pequena parte (que pode provocar um desequilíbrio no todo), mas que você não sabe qual é. É nesse momento que a análise é muito útil.

Um bom professor ou aluno perspicaz pode ir à fonte do problema, sem se deixar desviar pelos sintomas. Uma vez isolado, o problema está praticamente resolvido.

Constatei que é útil ensinar um novo movimento decompondo-o em suas partes: primeiro o começo, em seguida o meio e depois o fim. Mais tarde, é fácil montar tudo outra vez.

A análise também pode ser aplicada a exercícios específicos, que podem poupar tempo e tornar bem mais fácil a aprendizagem de todo um padrão de movimento. Em vez de isolar a sua prática numa única atividade ou habilidade, vale a pena fazer exercícios relacionados com ela. Os mergulhadores, por exemplo, muitas vezes treinam no trampolim para aprender saltos mortais e giros sem se molhar. Os praticantes do esqui acrobático fazem o mesmo, porque podem praticar mais repetições despendendo menos energia. Os praticantes de salto com vara podem usar certas rotinas da ginástica a fim de aprender maneiras mais eficientes de trabalhar com a vara. Esses exercícios fundamentais, que podem ser criados e aplicados a qualquer atividade, economizam tempo.

O princípio da programação

Hoje, um número cada vez maior de textos de *instrução programada* vem se tornando disponível. Hoje é possível aprender assuntos complexos — como os fundamentos do direito, a terminologia médica, a gramática inglesa, línguas — por meio de material programado. O treinamento por meio do vídeo programado de atividades de movimento logo vai se tornar corriqueiro. A aprendizagem programada baseia-se nos seguintes princípios:

- aprendemos em *pequenos passos,* assimilando com aumentos simples e progressivos;
- *participamos ativamente* — respondendo aos indícios fornecidos;
- obtemos um reforço e uma retroalimentação imediatos — a resposta correta é apresentada tão logo damos a nossa;
- devido as progressões pequenas e simples, nos sentimos bem-sucedidos.

A boa aprendizagem programada se organiza em torno de princípios do senso comum. Estes tornam a aprendizagem fácil e, portanto, agradável. Tenho abordado a aprendizagem — e o ensino — usando os mesmos princípios, e descobri que eles têm grande utilidade para mim e para os meus alunos. Todo movimento pode ser aprendido por meio de sua decomposição (ou análise), seguida de sua prática em passos ou progressões sobremodo simples. O progresso programado permite uma *constante sensação de sucesso* em que o *processo de aprendizagem,* em vez de um único resultado final, torna-se o alvo.

Imitação: A técnica principal

As crianças são mestres da imitação, a mais eficaz e natural forma de aprender. Quando crianças, éramos mestres da imitação; assim aprendemos a andar, a falar e a usar muitas outras habilidades práticas da vida; isto é, antes de aprendermos que era "ruim" ser "copistas", antes de saber que se esperava que fizéssemos o nosso "*próprio* trabalho". Eu tive a felicidade de ter pais que nunca desestimularam o meu interesse pela imitação. Eles me disseram que era bom copiar as pessoas desde que eu tivesse certeza de que valia a pena copiar as suas qualidades. Estendo esse conselho a você.

Por meio da imitação, podemos aprender bem mais do que habilidades atléticas. Quando jovem, modelei diferentes "estilos" pessoais imitando as qualidades que admirava nas pessoas. Isso me permitiu "experimentar" diferentes modos de ser. Nunca conheci uma única pessoa que não tivesse ao menos uma qualidade que eu admirasse.

Tudo e todos têm uma mistura de virtudes e de defeitos. Se você procurar o que há de bom em cada pessoa que conhecer, essa pessoa vai se tornar o seu mestre.

Não temos amigos; não temos inimigos;
temos apenas mestres.

— Anônimo

Para desenvolver uma capacidade, precisamos encontrar alguém que seja habilidoso e observá-lo com cuidado. Estude a musculatura e os movimentos, a expressão facial, os braços e as pernas dessa pessoa. Enquanto observamos essas pessoas executar seus exercícios, precisamos nos sentir movendo-nos da mesma maneira.

Nossa capacidade vai melhorar com a prática. Mesmo os pintores mais criativos começaram copiando. Se você quiser copiar o desenho de um artista, você pode não ser capaz de reproduzi-lo com precisão no início. Com a prática, porém, sua capacidade de copiar vai se aprimorar. Podemos praticar a cópia em qualquer lugar e a qualquer momento.

Naturalmente, para copiar bem, temos primeiro de estar *preparados*; não podemos imitar um levantador de pesos sem ter desenvolvido alguma força, nem imitar um dançarino de balé sem ter desenvolvido a flexibilidade e o controle muscular necessários.

Estou convencido de que a imitação é a principal técnica de aprendizagem, porque ela funciona no nível subconsciente — como se um corpo aprendesse diretamente de outro sem a intervenção do intelecto.

Se você não tem feito o melhor uso de sua capacidade inata de imitação, é provável que isso se deva a uma das seguintes razões:

- Você pode *não ter preparação suficiente para copiar* bem. (Se esse for o caso, volte ao básico; desenvolva o seu talento.)
- Você pode ter a experiência de uma *resistência inconsciente* a copiar alguém por causa da crença de que tem de "viver a própria vida", ou porque sente que nunca poderia imitar o nível de habilidade de um especialista (como resultado do conceito inferior que você tem sobre si mesmo), bem como por não estar pronto a admitir que alguém possa ter uma qualidade que você, no momento, não possui. Se o seu caso for este último, engula o seu orgulho.
- Você pode estar copiando a pessoa errada ou as qualidades erradas. Esse é um medo característico dos pais, que sentem que seus filhos podem "assimilar" as qualidades erradas se não tiverem boas companhias. De fato, a orientação tem muito que ver com o que desenvolvemos quando crianças e quando adultos, visto que não podemos imitar o que nunca vimos.

PRÁTICA DA IMITAÇÃO

Peça a um amigo para ficar na sua frente. Digamos que o seu amigo seja um homem. Você põe o braço dele numa posição incomum. Imite essa posição como se olhasse para um espelho. Faça-o assumir outra posição, talvez com os dois braços retorcidos. Imite isso. Copie a sua postura. Faça a mesma coisa enquanto ele se mover bem lentamente.

Você vai descobrir que, com um pouco de prática, poderá imitar o seu amigo com um alto grau de precisão. E você poderá usar a sua capacidade de imitar nas suas atividades esportivas e na sua vida cotidiana.

Neste capítulo, esbocei maneiras práticas de aprender a aprender. Só você tem o poder de dar vida às palavras e conceitos. Comece com os princípios que fazem mais sentido para você ou que você julga mais divertidos. Se você ao menos usar plenamente uma única dessas técnicas, ela vai melhorar o seu jogo além de poder enriquecer a sua vida.

Limite-se a fazer o melhor; isso é tudo o que você pode fazer. Não pergunte como; apenas comece e faça-o agora. O mundo espera por você.

— Harold Whaley

8

Competição: O momento da verdade

Pode ser que a corrida nem sempre seja para o mais veloz nem a batalha para o mais forte, mas temos de apostar que sim.

— Damon Runyan

Na sala de estar, no restaurante ou no vestiário, quando surge o assunto da competição, parece que existem três concepções dominantes: um grupo admira a ética competitiva como uma Grande Tradição Americana — "é o que fez este país forte" —, ao lado do capitalismo e do credo na iniciativa de cada um. Outro grupo, filosoficamente inclinado à "coexistência pacífica, à harmonia e à cooperação", evita a competição por julgá-la desumanizante. Esse grupo prefere, exclusivamente, empreendimentos cooperativos, sendo atraído pelos Novos Jogos, procurando no Oriente a inspiração. O terceiro grupo pouco se importa com esta ou com aquela opinião.

A competição pode revelar o que temos de melhor e de pior, desenvolvendo nossos pontos fortes e trazendo à tona as nossas fraquezas. A competição é uma maneira de encarar um genuíno Momento de

Verdade, de romance e de aventura. Extraindo o melhor do homem e da mulher, a competição pode ser um modelo para esforços positivos, agressivos e realistas na vida diária. Os atletas tendem a ter sucesso porque sabem que a vida não nos dá tudo. Por conseguinte, os esportes podem ser uma fonte de valiosas lições de vida para os jovens.

Em seu auge, a experiência competitiva pode vir a ser uma forma de meditação em movimento em que toda a nossa atenção, livre dos devaneios aleatórios, se concentra no momento presente. Ela é, além disso, uma forma agradável de diversão para milhões de pessoas, bem como uma fonte de inspiração para muitos meninos e meninas.

A maioria dos atletas aprecia a competição, mas está tão mergulhada nela que não consegue reconhecer seu "lado sombrio". Para equilibrar esse quadro, passarei mais tempo examinando os problemas da mente competitiva.

A competição compara seres humanos diferentes em arenas especializadas, traduzindo a totalidade dos seus esforços em resultados, tempos e medidas. A competição reforça as palavras polarizadas "ganhador" e "perdedor", como se o mundo fosse dividido em dois campos dependentes da habilidade do atleta. Crianças que participam de jogos altamente competitivos saem o mais das vezes como perdedoras, apesar de todos os nossos ditados bem-intencionados sobre "o que importa é competir"...

A competição promove a camaradagem entre companheiros de equipe, mas a inimizade com os oponentes. Antes de jogos de futebol universitário, eu costumava ver fotos da equipe adversária colocadas nas portas das salas de treinamento com as palavras "O Inimigo" como legenda. Essa prática tende a encorajar a hostilidade na vida cotidiana, como o evidencia a maneira pela qual os motoristas se tratam uns aos outros e se comportam diante dos pedestres. Em alguns eventos competitivos, cheguei a ver atletas sorrindo ou comemorando quando um membro da equipe adversária caía.

Quando eu jogava futebol profissional, nunca procurei machucar ninguém deliberadamente — a não ser que fosse, você sabe, um jogo importante, como um jogo pela liga ou algo assim.

— Dick Butkus

A competição pode reforçar um modo simplista e maniqueísta de pensar e de considerar o mundo, pois a vitória é a única meta valorizada e a comparação com os outros voltada para determinar o nosso próprio valor relativo. O aprimoramento diário é, provavelmente, uma medida mais importante de realização do que saber quem vence quem; mas os jogadores mais aprimorados raramente têm reconhecimento ou glória.

O caminho do sábio é agir, mas não competir.

— Lao Tsé

Um bom exemplo da competição estimulada pela nossa cultura na infância é o jogo das cadeiras. Em seu livro *No Contest: The Case Against Competition* (Houghton Mifflin), o psicólogo Alfie Kohn assinala que, nesse jogo, cada rodada elimina uma criança até que, no final, "apenas uma criança permanece triunfantemente sentada enquanto todas as outras ficam nas laterais, excluídas do jogo. Essa é uma das maneiras pelas quais aprendemos a nos dar bem na América".

A maioria de nós participou dessa brincadeira; poucos ficaram traumatizados por terem sido derrotados, mas nós nos lembramos da sensação de frustração. É claro que a vida é dura, e temos de aprender a lidar com a frustração, com o fato de, às vezes, perdermos. Mas que mensagem esse inocente jogo infantil nos deixou? A de que não há o suficiente para todos e de que temos de fazer de tudo, talvez até pisar em alguém, porque ou vamos estar "dentro" ou "fora". Os jogos são inventados no âmbito de uma sociedade, refletindo as necessidades e lições dessa sociedade.

Kohn assinala que podemos ter de criar outros jogos para atender às necessidades de futuras gerações. *No Contest* é um jogo baseado em descobertas de centenas de estudos que mostraram como a competição solapa a auto-estima, envenena os relacionamentos e nos impede de fazer o melhor — algo particularmente desagradável para atletas ou pais. Afinal, quase todos supõem que os esportes competitivos ensinam toda espécie de lições úteis e, na verdade, que os jogos, por definição, devem produzir um vencedor e um perdedor. Porém, passamos a acreditar, com Kohn, que a recreação em suas melhores manifestações não requer que as pessoas tentem triunfar sobre as outras. Muito pelo contrário.

Terry Orlick, psicólogo esportivo da Universidade de Ottawa, examinou a brincadeira das cadeiras e propôs que se mantivesse o formato básico da remoção das cadeiras, mas que se mudasse o objetivo: as crianças deveriam tentar fazer que todos sentassem num número decrescente de cadeiras. No final, um grupo de crianças sorridentes tenta descobrir como caber numa única cadeira. Todos brincam até o fim; *todos* se dão bem.

Orlick e outros inventaram ou reuniram centenas de jogos como esses, tanto para crianças como para adultos. A teoria fundamental é simples: todos os jogos envolvem a conquista de um objetivo, apesar da presença de um obstáculo, *mas em nenhum lugar está escrito que o obstáculo tenha de ser outra pessoa.* O propósito de um jogo pode ser o de fazer que cada pessoa no campo dê uma contribuição especificada para o objetivo, que todos os jogadores atinjam certa marca ou que todos trabalhem com seus parceiros tendo como adversário um limite de tempo.

Observe que, nesses jogos, o oponente se torna parceiro. *Nessas atividades, toda a dinâmica do jogo se transforma e, com ela, a nossa atitude diante dos outros jogadores.*

Kohn iria gostar do "Tênis Sem Esforço", criado por Brent Zeller, um talentoso professor que faz os seus alunos passar por uma abordagem natural, fluente, não desgastante e cooperativa, em que o alvo é manter a bola em jogo o máximo de tempo possível, lançando-a para pontos a partir dos quais o parceiro possa devolvê-la.

Kohn acredita que "nenhuma das vantagens atribuídas ao esporte requer de fato a competição". Correr, escalar montanhas, andar de bicicleta, nadar, praticar ginástica aeróbica são coisas que, observa ele, são um belo exercício sem nenhuma necessidade de tentar superar outra pessoa. Algumas pessoas chamam a atenção para a camaradagem resultante do trabalho em equipe, diz ele, mas o benefício da atividade cooperativa, a própria essência dela, é precisamente que *todos* no campo trabalhem juntos para alcançar uma meta comum. O traço distintivo da competição entre equipes é, em contrapartida, que os jogadores trabalham apenas com a metade dos presentes e são encorajados a se sentirem amigos dessa metade apenas.

Kohn também questiona a nossa dependência em relação aos esportes como forma de obtenção de um sentido de realização ou de testar nossas capacidades. Ele destaca que: "Pode-se, em vez disso, visar um padrão objetivo (A que distância posso arremessar? Quantos quilômetros percorremos?) ou tentar ter um desempenho melhor do que o da semana passada. Esse esforço individual e grupal — como os jogos cooperativos — proporciona satisfação e desafio sem competição."

O ensaio de Kohn assevera: "Estudos demonstraram que os sentimentos de valor pessoal passam a depender, como resultado da competição, de fontes exteriores de avaliação; o seu valor é definido por aquilo que você fez e por quem você venceu."

Além disso, diz ele, a competição perturba os nossos relacionamentos pessoais porque "cada criança passa inevitavelmente a considerar os outros como obstáculos ao seu próprio sucesso. A competição leva as crianças a invejar os vencedores, a desprezar os perdedores... e a suspeitar de todas as pessoas".

As concepções de Kohn são provocantes e representam uma nova alternativa evolutiva na maneira como conduzimos os assuntos humanos como indivíduos, como grupos e como nações.

Algumas atividades, como o boxe e outras artes marciais, além dos jogos combativos, como o futebol, o hóquei sobre o gelo etc., tendem a gerar sentimentos competitivos agressivos. Em outras atividades esportivas, como a natação, esportes de salão e de campo e, com certeza, a ginástica, os atletas não devem ver os outros como inimigos ou adversários; em vez disso, o seu objetivo deve ser a sua própria rapidez. E os atletas da mais alta qualidade não se alegram nem se comprazem em ganhar uma competição porque os competidores estavam doentes ou não conseguiram ter um bom desempenho — especialmente se eles mesmos tiverem "vencido" tendo um desempenho sem brilho.

No reino animal, a sobrevivência darwiniana dos mais capazes, a competição máxima pelas presas, pelo alimento, ainda prevalece. Poder-se-ia portanto dizer, talvez, que a competição é, como resultado, "natural", sendo os argumentos contra ela irrealistas, idealistas ou impraticáveis. Contudo, se nos virmos apenas como outros animais, que não se distinguem das feras, nunca poderemos elevar-nos acima deles. Os seres humanos têm a capacidade de superar as tendências biológicas, tanto individualmente como enquanto espécie.

Não é verdade que os meninos educados chegam por último: os meninos educados são vencedores antes mesmo de o jogo começar.

— Addison Walker

Seja como for, os atletas não detêm o monopólio do estado de espírito competitivo. A competição é, em última análise, uma atitude mental que advém da comparação do nosso desempenho com o de outras pessoas. A mente competitiva se manifesta em todos os aspectos da vida — entre parentes, parceiros, homens e mulheres. Em atividades como a dança moderna, o balé ou a pintura, encontramos pessoas ciumentamente competitivas. Conheci atletas profissionais, em contrapartida, que consideravam o jogo uma "sessão de ensino mútuo", cooperativa, entre duas equipes. Steve Hug, um dos melhores ginastas americanos de todos os tempos, nunca competiu de fato *contra* ninguém, porque não tinha esse tipo de mentalidade. Ele simplesmente fazia o melhor que podia, com base em seus padrões de excelência, e não a partir dos de outrem. Por causa de sua abordagem, ele foi um dos mais concentrados atletas e um dos mais bem-sucedidos competidores que conheci.

Mesmo em esportes coletivos de marcação individual, como o basquete ou o futebol, é possível, e muitas vezes vantajoso, considerar os oponentes como mestres que nos servem melhor quando fazem o melhor que podem. Do mesmo modo, podemos servir melhor a esses companheiros no esporte tendo um desempenho melhor do que o deles. Quando passamos a considerar a competição dessa maneira, fazemos o melhor que podemos, mas talvez sem os sobretons de hostilidade e negatividade que caracterizam com tanta freqüência a psique competitiva.

Ganhar ou perder muitas vezes depende de circunstâncias que pouco têm que ver com a capacidade relativa numa habilidade particular, podendo ser circunstanciais. Ganhei certa vez um campeonato mundial de trampolim; tive um bom dia, mas outros atletas poderiam ter ganho em outro dia. Dizer que eu era um atleta melhor tem pouco sentido — eu "ganhei" apenas aquela competição. O destino, a sorte e uma miríade de outros fatores têm estreita relação com o desempenho. Assim, parece sábio não levar a competição muito a sério.

Livres do estado de espírito combativo, não deparamos com oponentes — mas com pessoas como nós, irmãos e irmãs de treinamento, todos se empenhando para alcançar a excelência. Infelizmente, parece que alguns dos treinadores mais "bem-sucedidos" encaram a competição como uma guerra santa. Essa rivalidade intensa provavelmente motiva de fato alguns indivíduos e equipes, mas o que exige da mente e das emoções?

O Momento da Verdade em si, seja em exibições, seja na arena competitiva, pode servir de excitante estímulo à excelência. Mas o seu propósito se encerra quando a corrida chega ao fim. Uma vez fisgado o peixe, já não precisamos de anzol; terminada a competição, não precisamos pensar em resultados, números ou estatísticas mortas. No entanto, equipes colegiais e profissionais preservam os escores passados como borboletas postas em livros. Muitas pessoas se preocupam com números, estatísticas, títulos e vitórias.

Os atletas interiores se esquecem do resultado do jogo tão logo ele chega ao fim, mas se lembram de suas lições. Os atletas exteriores aprendem poucas lições duradouras porque tendem a se apegar em demasia aos resultados.

Os atletas interiores não podem se dar ao luxo de ficar sonhando com o passado nem de se desesperar por causa dele. A fama é fugidia e a glória, passageira. O único valor duradouro da experiência competitiva são as lições que assimilamos e mantemos vivas.

Em última análise, pouco importa se louvamos ou se desprezamos a competição. O fato é que ela existe e tem leais seguidores. Se competimos, também temos de fazer o melhor, como o faríamos em qualquer outro plano da vida. Porém os atletas interiores mantêm uma atitude positiva e cooperativa com relação a todos os jogadores, mesmo no auge da competição.

Na competição, teorias sobre como aprender a aprender — e sobre as leis da natureza — podem parecer apenas vagamente relevantes ou interessantes, e o ginásio pode parecer antes o lugar de ação do que de filosofia. Mas uma filosofia ampliada vai inspirar os atletas do futuro.

Os atletas podem estudar técnicas biomecânicas pelo tempo que quiserem; podem se esforçar com todo o afinco que desejarem; podem comer da melhor maneira que puderem. No final, serão os elementos mais sutis do talento — as qualidades invisíveis da mente e da motivação — que vão determinar os melhores atletas. O trabalho sempre vai ser um elemento-chave — no trabalho psicofísico, imbuído das qualidades do atleta interior, isso vai fazer a diferença. E se o aprendizado das lições da natureza e a percepção das qualidades do talento podem ajudar a desenvolver um campeão mundial, elas podem igualmente ajudar o seu desempenho, seja qual for o seu nível atual ou a sua experiência.

Se não despendermos muita energia, a derrota
não vai doer tanto, mas também a vitória
não vai ser muito interessante.

— Dick Vermeil

Na arena do atleta, sempre vamos encontrar pessoas mais e menos habilidosas do que nós. Com o nosso progresso, devemos ter o cuidado de não nos preocuparmos com alvos distantes para não perdermos o prazer da caminhada. Quer o nosso caminho, em qualquer dia, seja fácil ou acidentado, a verdadeira e única medida da nossa realização pode ser encontrada na resposta a uma única questão: "*Fiz o melhor que podia hoje?*" Todas as vitórias, todas as derrotas, todos os títulos e toda a fama ficam à sombra dessa pergunta.

Sobrecarga e redução da pressão: Preparar-se para a competição

No Momento da Verdade, concentramos a mente, as emoções e o corpo no jogo. Os atletas interiores podem jogar como se a vida dependesse dos seus esforços, mas rir do resultado. Armados simultaneamente com humor e intensidade, eles reúnem a totalidade de suas energias e do seu potencial.

Muitas vezes, no calor da competição, transcendemos os limites cotidianos. Temos de estar preparados para essas grandes descargas de adrenalina.

O instrumento fundamental que muitos atletas e treinadores usam antes da competição é a *sobrecarga e redução da pressão*. Como o nome indica, o método consiste em aumentar bastante a exigência antes da competição e reduzi-la pouco antes dela.

O significado desse método suplanta em muito o plano físico; ele também resulta numa sensação psicológica de confiança, de facilidade e de segurança. Se você vai correr oito quilômetros e correu dez nas colinas a semana passada, você vai se sentir não apenas fisicamente preparado como bem relaxado e confiante em si mesmo.

Embora nenhum treinador que eu conheça tenha dado nome a esse método, o seu uso é quase universal. Na ginástica, por exemplo, o atleta aumenta exageradamente o número de séries repetitivas, chegando a fazer 18 delas numa única sessão. Depois disso, mesmo que o atleta sinta um pouco de dificuldade, as poucas séries de movimentos que ele realizar numa competição vão parecer fáceis.

Enfatize a quantidade no auge da sessão e, em seguida, dê preferência à qualidade. A sincronia exata da mudança de ênfase varia de esporte para esporte. O importante é fazer mais do que lhe será exigido na competição.

As seguintes técnicas de sobrecarga podem ser úteis:

- Treinar com peso extra.
- Percorrer distâncias maiores ou com mais velocidade do que é exigido — ou correr colina acima.
- Praticar sem o uso de um dos sentidos — com os olhos fechados, por exemplo, de modo que os outros sentidos fiquem mais atilados.
- Treinar em condições deliberadamente *ruins*. Os acrobatas, por exemplo, podem praticar na penumbra ou expostos a um vento forte; os que esquiam no gelo podem treinar por algum tempo num gelo de má qualidade, caso encontrem essas condições na competição; os praticantes de artes marciais podem treinar suas habilidades no meio das ondas ou debaixo d'água.
- Aumentar a exigência normal. Um rebatedor do beisebol, por exemplo, pode pedir que o arremessador arremesse bolas rápidas numa posição equivalente a três quartos da distância usual. Se o rebatedor puder aprender a rebater esses arremessos, rebater lançamentos vindos da distância correta será bem mais fácil.

A sobrecarga que você impõe a si mesmo depende do seu temperamento, da sua capacidade e da atividade a que você se dedica. O ponto principal do exercício consiste em praticar algum gênero de sobrecarga e, depois, reduzir a pressão e esperar a competição.

Preparação emocional

É inteiramente normal, e até desejável, que nos sintamos agitados, nervosos ou ansiosos antes de uma competição. Quer tenha joelhos trêmulos, enjôo, bocejos constantes ou outros sintomas de "nervosismo", você vai querer saber como se relacionar com a síndrome pré-competitiva.

Compreender o estado do corpo antes das competições ajuda a vencer — e a usar — os sintomas de nervosismo. Lembre-se de que a competição é uma cerimônia, uma ocasião especial em que você é, na realidade, testado. Você *tem de* se sentir nervoso! O seu corpo está se preparando para uma exigência específica: é secretada adrenalina na corrente sangüínea para estimular a liberação dos açúcares simples de que os músculos precisam para uma atividade extraordinária; o coração começa a bater mais rápido; os mecanismos da respiração são estimulados (sendo isso que explica os bocejos). Os músculos ficam tremendo, de prontidão, e se enchem de energia.

Não combata isso! Se você estiver sentado ali, esperando a hora de começar, seus joelhos vão tremer e o estômago se movimentar, porque o corpo está pronto para correr, lutar, pular, avançar... agora. Se sentir esses sintomas antes de precisar de fato deles, você pode controlar e usar o fluxo de adrenalina movimentando-se. Dê alguns pulos, fique correndo no mesmo lugar ou faça alongamento. Todas as reações do corpo estão preparadas para permitir que você se mova mais rapidamente, com mais força e de uma maneira melhor; por isso, *mova-se*.

Se a sua mente estiver cheia de imagens ou de idéias negativas — "É melhor que eu me saia bem ou será humilhante; meus pais (minha namorada, meu namorado, meus colegas de equipe) dependem de mim"; "Não posso estragar tudo"; "Espero não quebrar o pescoço" —, você vai vivenciar esses problemas como medo, fraqueza ou até paralisia.

Se você trabalhar com imagens positivas — "Esta é a minha chance de fazer um ótimo jogo; meus pais (minha namorada, meu namorado, meus colegas de equipe) vão ficar orgulhosos de mim; puxa, que público entusiasmado!" —, a sua experiência desse nervosismo será de excitação e ânimo.

Se estiver predisposto a tensionar os músculos, a reação do corpo à excitação psíquica pode ser a tensão acumulada; se aprender a relaxar, você poderá canalizar e dirigir essa energia extra.

A maioria das pessoas *tende a agir na competição da mesma maneira que agiu no treinamento*: às vezes, tremeremos um pouco, mas em geral estaremos um tanto melhor. Reconhecendo isso, podemos nos libertar de expectativas ou medos irreais.

Os resultados vêm na proporção direta da preparação.

O jogo mental

Competir põe à prova todas as nossas capacidades; a capacidade física é apenas uma parte do jogo. Não é incomum os atletas mais condicionados chegarem em segundo ou em terceiro lugar por não terem dominado o jogo mental. Especialistas em atividades físicas podem ser enfraquecidos e distraídos se forem suscetíveis a fugas emocionais ou à contusão mental. Os antigos guerreiros samurais admitiam que, se desejassem alcançar a velhice, uma mente afiada como uma espada e a calma emocional tinham de preceder a habilidade física.

Os atletas experientes costumam sair-se bem em competições que envolvem muita tensão. Eles são capazes de controlar a energia nervosa, concentrados, não andam observando estupidamente os outros atletas, mas se concentram em seus próprios esforços; eles desenvolveram ritmos de aquecimento e de dispêndio de energia.

A experiência vem do aprendizado das lições do treinamento. Alguns atletas ganham muita experiência num tempo relativamente curto. Outros podem competir durante anos e nunca amadurecer, devido ao fato de não terem aprendido as lições corretas. Os atletas interiores *tratam tanto o treinamento como a competição com o mesmo respeito e intensidade.* Quando treinam, eles usam a mesma concentração mental e a mesma determinação que usariam se estivessem competindo; quando competem, eles estão tão relaxados e tranqüilos como se estivessem praticando. A competição é um teste da nossa serenidade e da nossa capacidade de concentração, uma oportunidade de mostrar "graça sob o fogo".

A maneira como jogamos revela algo do nosso caráter;
a maneira como perdemos mostra-o por inteiro.

— Anônimo

Sua atitude na competição influencia a atitude dos outros. A estratégia psicológica pode acrescentar toda uma nova dimensão à competição, tendo condições de transformar-se uma luta de força bruta e de velocidade num jogo de xadrez. Ela requer acuidade mental, capacidade de julgamento aprimorada e uma boa intuição.

A única maneira certa e segura de destruir os
inimigos é fazer deles amigos.

— Anônimo

Nunca se envolva tanto na estratégia psicológica a ponto de perder o eixo e esquecer o seu objetivo primordial: empenhar-se ao máximo, em vez de impedir que os outros façam isso. De nada adianta desequilibrar mentalmente os outros se, no processo, você também se desequilibrar. A estratégia competitiva mais importante consiste em permanecer concentrado na sua própria confiança e calma inabaláveis, livre da influência de quem quer que seja. Assim, parecer uma torre de força e de confiança pode representar uma incrível distração na hora de competir.

Acima de tudo, mesmo enquanto competir com plena determinação e força, lembre-se de que o jogo nunca vai ser mais do que um jogo. As lições que ele oferece são importantes, mas o jogo em si não passa de brincadeira. Todo jogo torna *alguém* feliz.

Para os atletas interiores, todo dia é uma experiência de aprendizagem; em última análise, *não há como perder.*

Embora todos o tenham ouvido ou visto, não há melhor maneira de terminar este capítulo do que com um lembrete do Credo Olímpico de 1894:

> O mais importante não é ganhar, mas participar, da mesma maneira como o mais importante na vida não é o triunfo, mas a tentativa. O essencial não é ter conquistado, mas ter combatido o bom combate.

9

Novas fronteiras: A evolução do atletismo

Se não tentarmos fazer algo que está além do que já conseguimos, não poderemos crescer.

— Ronald Osborn

Desde os tempos antigos — em que saltar sobre touros, enfrentar leões e acertar pedras com uma vara eram a moda — até hoje, os esportes percorreram um longo caminho. Nunca inteiramente estáticos, os esportes evoluem com o passar do tempo, refletindo os valores dominantes da cultura em suas regras, na sua estrutura, na sua criatividade e no grau em que toleram a violência.

Alguns esportes, como o hóquei sobre o gelo, se aproximam das tradições dos gladiadores, que muitas vezes lutavam até a morte para entreter estádios apinhados de romanos. Outras formas de movimento, como a ginástica, as acrobacias, os saltos ornamentais e a patinação, tornam-se artes de exibição, com toda a elegância e a estética do balé.

É maravilhoso que haja essa variedade de formas esportivas para atender às necessidades e interesses das pessoas.

Os esportes que escolhemos praticar, tanto individualmente como enquanto nação, merecem um exame periódico, visto que refletem os nossos valores, assim como ajudam a moldar e a reforçar modos de agir e de ser que podem ter efeitos positivos ou negativos sobre a vida do dia-a-dia.

Os esportes e jogos são divertidos. São revigorantes e estimulantes; encorajam o trabalho em grupo, a sincronia, a cooperação e a organização. Os atletas são mais fortes e saudáveis, sob muitos aspectos, do que os não-atletas. Todos reconhecem os benefícios de correr, saltar, lançar, nadar, arremessar, pegar, dar saltos mortais e equilibrar. Ao mesmo tempo, no entanto, a crescente intensidade da competição pode predispor os participantes a dores e contusões crônicas, por vezes fortalecendo e outras vezes desabilitando, e essa influência, tão importante em nossa vida, tanto física como psicologicamente, tem de ser abordada com uma atitude que não pode ser meramente casual. Os benefícios do treinamento podem superar em muito as desvantagens. Porém, em vez de parar nessa afirmação, vejamos se há uma maneira de aumentar os benefícios do atletismo e de diminuir os eventuais problemas.

Podemos fazer a todo esporte duas importantes perguntas:

1. Este esporte contribui efetivamente para o bem-estar físico e psicológico do atleta?
2. Este esporte desenvolve uma maior capacidade para enfrentar a vida cotidiana?

À luz dessas duas perguntas, podemos avaliar o valor social relativo de um determinado esporte (para além do seu valor de entretenimento) a fim de ver se algumas mudanças nesse esporte poderiam dar certo.

Os recordes em cada nova Olimpíada refletem novos níveis de realização. Contudo, de uma perspectiva psicofísica, o treinamento ainda se encontra num nível rudimentar. Se examinarmos a realidade do esporte competitivo de alta pressão dos nossos dias, poderemos ver muitos exemplos de uma "violação movente" das leis naturais do equilíbrio.

Muitos passatempos favoritos, incluindo jogos como tênis, boliche, golfe e beisebol, criam desequilíbrios na simetria natural do corpo. Não é que devamos abandonar essas atividades; porém, podemos contrabalançar essas desvantagens por meio de um treinamento sábio.

Mesmo com todas as novas técnicas de avaliação científica e métodos sistemáticos de desenvolvimento físico, nossa abordagem do treinamento atlético ainda se acha em evolução. Mal começamos a apreciar e acolher os benefícios potenciais do atletismo.

Porém, testemunhamos o nascimento de uma nova tradição, tradição na qual os esportes são concebidos conscientemente para promover o bem-estar geral; com o tempo, a meu ver, substituiremos os jogos gastos ou obsoletos do passado por esportes novos e reformulados que melhor se adaptem ao futuro.

A maneira mais evidente de alterar os esportes é modificar as suas regras.

Mudando as regras. As regras dos esportes de hoje se desenvolveram durante longos períodos de tempo. Elas são o reflexo das nossas concepções sobre o que é leal, justo e certo; elas indicam o atual estado de nossa mutável tolerância da violência e do nosso esforço em busca da beleza e do espírito. Quaisquer mudanças nas regras têm, portanto, de ser empreendidas com o maior cuidado.

Neste ponto, quero sugerir uma mudança de regra básica que torne alguns dos nossos jogos mais populares, mais interessantes, mais desafiadores e bem mais saudáveis para o nosso corpo:

Treinamento simétrico

O golfe, o tênis, o boliche, o beisebol e muitos outros esportes, que usam primordialmente um dos lados do corpo, são jogos maravilhosos. Não obstante, eles desfazem a simetria do corpo, que constitui um elemento vital do nosso equilíbrio natural quanto à força gravitacional da terra. Mediante uma simples mudança de regra, podemos aumentar o valor desses jogos e eliminar sua principal desvantagem: podemos exigir que esses atletas façam igual uso de ambos os braços.

Há vários argumentos contra essa alteração: em primeiro lugar, seriam necessárias, em muitos casos, modificações nos equipamentos; em segundo, os astros de hoje teriam de fazer alguns ajustes rápidos para permanecer nessa condição; e, em terceiro, quem mal estivesse começando a se sentir proficiente nesses esportes teria de passar novamente por um período temporário de "canhestrice".

Examinemos agora os benefícios do *treinamento simétrico:*

- As dores crônicas dos cotovelos, das costas ou dos ombros seriam reduzidas ou eliminadas por meio do trabalho com ambos os lados do corpo, visto que cada lado mereceria um repouso periódico.
- Poder-se-ia praticar mais sem fadiga.
- Em muitas situações, os praticantes seriam mais versáteis, o que melhoraria o seu desempenho.
- Eliminar-se-iam os desequilíbrios posturais do esporte, o que resultaria na liberação da tensão unilateral no braço, no ombro e ao longo da espinha dorsal, promovendo-se um equilíbrio melhor com relação à gravidade.
- No caso de o praticante estar começando a ficar um pouco "enferrujado", esse novo desafio, por certo, lhe traria um novo ânimo.
- O desempenho do praticante poderia melhorar, porque algumas pesquisas mostram que desenvolver uma capacidade num dos lados

aumenta a capacidade de aprendizagem no outro e pode, na verdade, ajudar a eliminar velhos hábitos errados.

A regra da simetria, se aplicada aos nossos esportes e jogos unilaterais, favoreceria a saúde e o bem-estar. Essa nova regra estaria fundamentalmente em harmonia com as leis naturais (embora claramente benéfica, essa mudança ainda não aconteceu devido à relutância dos participantes e ao apego à situação vigente). A segunda e mais importante maneira mediante a qual poderemos influenciar pessoalmente a evolução do esporte é a alteração da nossa própria abordagem.

A revisão dos esportes

Casey Cook, mergulhador e atleta inspirado que treinei no Oberlin College, disse-me que os mergulhos evoluíram para ele quando ele começou a encarar seus movimentos em termos de consciência. Cook se sentiu como se estivesse "esculpindo" energia ao dar saltos mortais no ar, formando linhas de energia que quase podia ver. À medida que aprendia a dar forma ao fluxo de energia, ele sentia que estava praticando um novo esporte — na "equipe da natureza", com a prancha, o ar e a água como companheiros. Ele já não era um corpo solitário balançando numa prancha, girando mecanicamente, tentando romper a água para obter a recompensa de um juiz. Em suas horas de lazer, se jogasse beisebol ou frisbee, ele continuava a ter a mesma sensação do fluxo de energia, mantendo a mesma harmonia graciosa com as forças naturais. Sem uma única mudança de regra, Casey tinha "mudado" o esporte, ao menos para ele.

O jogador profissional de futebol Chip Oliver abandonou a profissão no auge da carreira porque se deu conta de que o esporte *tal como ele o jogava* não era bom para o corpo nem para o espírito. Depois de estudar ioga e outras disciplinas integradoras, Chip percebeu que, para ele, o futebol "machucava demais". Mais tarde, ele voltou ao esporte que amava, mas com uma nova abordagem — usando-o como um meio de se fundir com os outros, de praticar a simetria, de dominar o relaxamento em movimento e de aprender lições de vida.

Nem todo esporte atrai todas as pessoas. Seja qual for a forma escolhida de expressão atlética, os atletas interiores a consideram portadora de qualidades universais que podem aprimorar o desempenho de qualquer pessoa e ampliar os seus benefícios:

Mentais

- Estimular a atitude de integração e de harmonização em vez da de colisão; isso pressupõe que não haja "oponentes" nem "inimigos", mas só mestres.
- Aperfeiçoar a capacidade de "ver" o fluxo de energia.
- Exigir e desenvolver a atenção concentrada.

Emocionais

- Estimular a interação amigável e cooperativa.
- Conter a tensão suficiente para fazer com que um participante sinta mais coragem, equilíbrio e seja mais produtivo "sob pressão".
- Servir de laboratório à compreensão de si mesmo e dos outros.
- Criar uma atmosfera de ajuda e apoio mútuos por meio do trabalho em equipe.

Físicos

- Equilibrar o desenvolvimento do corpo.
- Desenvolver a sensibilidade em relação às necessidades do corpo em vez de estimular que se ignorem os sinais de dor.
- Exigir (e desenvolver) a flexibilidade de todas as juntas do corpo.
- Desenvolver a boa condição cardiovascular e o ânimo do corpo inteiro.
- Ajudar a simetria muscular e a correção da postura com relação à gravidade, acentuando fatores de ambos os lados do corpo.
- Aprimorar o vínculo do corpo com a terra mediante a calma dinâmica e o relaxamento em movimento.

Muitos dos atributos precedentes podem não ser automaticamente parte do jogo de todos. Porém, se perceberem a falta de um aspecto importante — elementos fracos em todo esporte —, os atletas interiores encontram atividades compensatórias que restaurem o equilíbrio. Por exemplo, um jogador de futebol poderia fazer tai-chi; um ás do hóquei sobre o gelo poderia praticar hatha-ioga; um jogador de beisebol poderia fazer balé; um iogue poderia praticar caratê.

A maioria das pessoas se vê envolvida num esporte, num jogo ou numa atividade de movimento particular como resultado de uma variedade de influências, incluindo idéias dos pais, orientação na infância ou algo visto na televisão. Parece muito importante para todo jovem com boa coordenação geral experimentar vários esportes ou atividades físicas, e não apenas aqueles que os pais aprovam. Já vi futuros campeões de natação serem levados para o futebol ou para outros esportes por causa do interesse dos pais. Se tiverem acesso a uma variedade de esportes, incluindo a dança, as artes marciais e outras atividades, os jovens gravitarão naturalmente para a forma que funcione melhor para eles.

Àqueles que imaginam qual seria o jogo *perfeito* para si, sugiro, no entanto, que ele não existe. Assim como as pessoas, cada jogo tem seus pontos fortes e fracos, suas vantagens e desvantagens. A ginástica, por exemplo, oferece um desenvolvimento impressionante de uma ampla gama de qualidades físicas, mas não oferece a interação relaxada e socializante do beisebol — que, por sua vez, não oferece a variedade de qualidades físicas. E assim por diante.

A principal coisa que os atletas interiores devem ter em mente é escolher a prática mais adequada às suas necessidades físicas e psicológicas. Quando descobri o trampolim e as outras práticas da ginástica, eu sabia que essa atividade era para mim: não tive de analisar nada; eu apenas senti. O grau de satisfação e de desafio, ou de pura e simples diversão, disponível em cada atividade atlética, é uma boa medida da descoberta ou não do que convém a cada um.

Jogos dos mestres

Se o ponto mais alto não puder ser alcançado sem que se perca o contato com o corpo, ou se ele é alcançado por meio da alienação do corpo, temos de inventar novos jogos.

— Dr. Michael Conant

Os atletas interiores não se preocupam com a vitória a qualquer custo. Eles reconhecem que a vitória máxima se traduz no crescimento pessoal e em benefícios que duram toda uma vida. Assim, eles gravitam naturalmente para formas novas e experimentais de exploração e de diversão. Encerro esta seção com uma antevisão dos esportes no futuro, uma visão do amanhã, um exemplo de alguns "novos" esportes, sem pretender, de modo algum, esgotar todas as possibilidades.

CORRIDA EM CÂMERA LENTA
Uma Nova Abordagem

Objetivo: Terminar a corrida em *último lugar*.

Regras:
1. Os competidores começam na linha de partida, olhando para a linha de chegada (uma parede) a nove metros de distância.
2. Ao sinal de partida, todos os corredores têm de começar a se mover continuamente — sem interromper seu movimento para a frente — numa linha reta rumo à chegada.
3. Cada passo deve ter o comprimento de pelo menos 30 centímetros (medidos por nove linhas paralelas desenhadas entre a partida e a chegada).

Comentário: A corrida em câmera lenta é um esporte bem mais difícil do que parece. Ao tentar alcançar a parede por último, o melhor atleta terá de se mover com uma lentidão surpreendente. Isso requer excelente equilíbrio, sensibilidade, capacidade de relaxar e uma espécie de paciência dinâmica. A capacidade de agir assim reflete um tipo inteiramente novo de ânimo psicofísico, uma qualidade de equilíbrio da mente e do corpo poucas vezes explorada nos esportes comuns. A corrida em câmera lenta é uma forma de meditação em movimento semelhante à praticada por adeptos da meditação zen. Se tentar fazê-la, você vai ver a sua natureza desafiadora e a calma meditativa que ela propicia. Trata-se de um perfeito equilíbrio para o ritmo acelerado da maioria dos esportes de hoje.

A NOVA GINÁSTICA
Eficiência e Diversão

Objetivo: O mesmo de outras competições de ginástica — aproximar-se o máximo possível de um 10 perfeito em cada prova, mediante resistência e habilidade suficientes, técnica impecável e estilo e apresentação estéticos.

Regras:
1. As competições masculinas e femininas foram combinadas, de modo que homens e mulheres possam competir entre si numa base de igualdade. Isso é possível com as novas competições porque, na ginástica, os atletas só levam em conta o peso do próprio corpo.
2. Há quatro tipos de competição:
Exercício de solo-trave. Uma combinação de exercícios de solo e de trave. Uma trave acolchoada, de 12 centímetros de largura, ajustável a alturas entre 75 centímetros e 1 metro, é colocada no meio da borda interior da área resistente e acolchoada do exercício de solo.

Cada atleta realiza uma seqüência de movimentos de dois minutos com acompanhamento musical. Além do trabalho regular de saltos, de dança e de exercícios de solo, o ginasta tem de percorrer toda a extensão da trave três vezes, com viradas, demonstração de equilíbrio e movimentos no ar, incluindo uma entrada e uma saída harmoniosas para cada passagem.

Trampolim. Uma superfície balouçante semelhante a uma rede permite que cada atleta alcance altura suficiente. O trampolim é completamente almofadado, com uma borda de um metro e oitenta de almofadas de 20 centímetros de espessura; as molas são cobertas.

Os atletas fazem um total de 15 movimentos, julgados com base na dificuldade em termos de altura, na forma e no controle.

Dupla barra horizontal. O ginasta realiza uma seqüência de movimentos na barra horizontal, mas tem de passar pelo ar de uma barra para a outra ao menos três vezes durante a seqüência. Há almofadas de segurança sob as barras.

Acrobacias. Cada equipe exibe seis seqüências de trabalho em dupla estética. Três seqüências consistem em pares do mesmo sexo (pode ser rapaz-rapaz ou moça-moça) e três em pares mistos. Cada seqüência é realizada em harmonia, com uma música adequada. Cada uma delas tem de mostrar equilíbrio, saltos, dança e força, todos em sincronia e em harmonia com os movimentos do parceiro.

Comentário. A nova ginástica oferece uma combinação de exigências mentais e físicas encontradas em outros esportes — uma combinação ótima de exercícios para dar ao corpo um desenvolvimento equilibrado. (As quatro competições são as favoritas universais dos estádios.) As quatro provas consolidam todos os benefícios fundamentais da ginástica (vigor, flexibilidade, ânimo e sensibilidade — em particular, um aprimorado sentido cinestésico). Homens e mulheres podem ter a oportunidade social incomum de treinar juntos como iguais. Com menos aparelhos para comprar, mais programas poderiam ser implantados pelo país.

TAI-CHI-DÔ
O Poder da Síntese

Objetivo: Usar a câmera lenta para aprimorar os movimentos de qualquer prática — neste caso, do aikidô.

Regras: Não há (não-competitivo).

O tai-chi-dô incorpora o aprimorado treinamento em câmera lenta do tai-chi às qualidades fluidas e de combinação de energia do aikidô.

O tai-chi, originário da China, usa, nos níveis iniciais, a câmera lenta, a suavidade e a sensibilidade.

O aikidô tem uma intenção inteiramente não-violenta — ele nunca pretende infligir contusões em outra pessoa por deliberação — e enfatiza o fluxo da energia positiva por meio de um movimento descontraído a fim de desviar, canalizar e controlar a energia de um atacante através de movimentos graciosos e bloqueio dos pulsos. O aikidô contém uma ligeira combinação de movimento, energia e prática na queda e rolamento suave do corpo (não incluído no tai-chi).

Quando pensamos em defesa pessoal, costumamos imaginar a defesa de um atacante humano. Essa imagem é limitada. Por meio da prática do tai-chi ou do aikidô, aprendemos a nos relacionar com os problemas e tensões do dia-a-dia, decorrentes da tensão, da fadiga e da queda de resistência (que nos atacam muito mais do que os adversários humanos). As técnicas de rolamento do aikidô são especialmente úteis para pessoas que podem vir a cair e queiram fazê-lo de forma suave e criativa.

Da mesma maneira como podemos combinar os elementos de câmera lenta do tai-chi com outra arte marcial, podemos combinar as qualidades positivas de outras práticas.

TÊNIS SEM ESFORÇO
Da Competição à Cooperação

Objetivo: Manter a bola em jogo pelo maior tempo possível, tornando-se antes um professor do que um oponente da(s) pessoa(s) que está do outro lado da rede.

Regras: Pode ser jogado individualmente ou em duplas; a idéia é atingir a bola de modo que os outros jogadores possam devolvê-la, ao mesmo tempo que aperfeiçoam suas próprias capacidades.

Comentário. Criada por Brent Zeller, treinador de tênis da área da Baía de San Francisco, essa abordagem do tênis incita a um jogo praticado com o espírito de apoio mútuo em vez de com uma perspectiva de dois "inimigos" ferozes, cada qual tentando levar o outro a falhar. Entre as suas vantagens, estão:

- Um exercício aeróbico melhor e mais duradouro, visto que as rebatidas tendem a ser bem mais demoradas.
- Aperfeiçoamento mais rápido, por envolver, como resultado das rebatidas mais demoradas, mais tempo para se mover e atingir a bola.
- Menos tensão; os jogadores mantêm o corpo mais relaxado.
- Mais diversão.
- Jogadores de níveis de habilidades e de experiência diferentes podem jogar uns com os outros, porque o jogo representa um desafio igual tanto para iniciantes como para especialistas.

THUNDERBALL
Uma Arte Marcial Sem Contato

Objetivo: Aplicar todos os princípios da concentração, do equilíbrio, da respiração, da descontração e da coordenação entre a mente e o corpo inerentes às artes marciais, em especial ao tai-chi. Os participantes passam uma, duas, três, quatro, cinco ou mesmo seis bolas de um lado para outro de maneira fluente, sem serem atingidos.

Regras: Uma prática inteiramente cooperativa com as seguintes diretrizes:

1. Respire profunda e conscientemente.
2. Evite ser atingido! (Afinal, esta é uma arte marcial.)
3. Solte-se e se deixe levar. (Não segure; entregue-se; não ofereça resistência.)
4. Mantenha-se em harmonia com a gravidade e aliado a ela (sem inclinações desajeitadas).
5. Treine ambos os lados do corpo.
6. Coopere com o seu parceiro.

Comentário. Criada por Robert David Morningstar, um talentoso professor de tai-chi da cidade de Nova York, essa forma de movimento em rápido crescimento é talvez uma das mais agradáveis já criadas — agradável no sentido de produzir um estado de lucidez e de imobilidade desde os primeiros minutos do jogo.

Desafiadora em todos os níveis, do iniciante ao especialista, quer jogada com um ou mais parceiros, ela difere da prestidigitação pelo fato de os participantes não pegarem e lançarem bolas, mas de a devolverem sem segurar, num movimento circular, usando os princípios das artes marciais. Sabe-se de praticantes avançados que conseguiram pegar seis bolas ao mesmo tempo! Essa arte tem de ser vista para ser apreciada e tem de ser praticada para se tirar proveito dela.

Os usos e formas dos esportes são ilimitados. Como o atletismo é um espelho da vida cotidiana, você pode usar suas energias criadoras para aprimorar e para desenvolver os benefícios das formas conscientes de movimento.

O atletismo pode ser um meio de diversão, de recreação, de boa forma psicológica, de percepção ou, como você vai descobrir cada vez mais, uma forma de transcendência, de unidade — um caminho para uma vida espiritual. A porta está aberta. Temos apenas de transpô-la.

Epílogo

O Domínio da Experiência do Movimento

Aquele que avançar confiantemente na direção dos seus sonhos e se esforçar por levar a vida que imaginou vai deparar com um sucesso inesperado em situações comuns.

— Henry David Thoreau

Los Angeles, 1952. Uma nova casa estava sendo construída na Redcliff Street. Lá no teto, sobre as vigas, a seis metros do solo, estava um garotinho, equilibrando-se a custo, prestes a pular, olhando para um monte de areia lá embaixo. Lembro-me bem; o garoto de seis anos era eu.

Lá embaixo, olhando para cima, estava Steve Yusa, um amigo e mentor da infância — mais velho, mais sábio e (ao que parecia) bem mais corajoso do que eu. Ele era, aos meus olhos, um supremo guerreiro; não tendo medo de nada, ele enfrentava qualquer desafio. Com um grito, ele pularia daquele teto como os *vikings* que eu vira no cinema saltando com a espada na mão no meio dos lobos.

Agora era a minha vez de pular, e os meus joelhos tinham virado geléia.

— Venha, Danny, você consegue.

— Não sei... — Eu queria pular, mas ficava ali, tremendo por boa parte do que me parecia uma hora.

— Vamos, pule! — Steve repetia, mas eu não conseguia me mover. Até que Steve disse uma coisa que mudou a minha vida:

— Danny, *pare de pensar e pule*!

A próxima coisa de que me lembro é de me projetar no espaço.

Doze anos depois, em 1964, nos campeonatos mundiais de trampolim em Londres, saí da mudança de fuso horário e de duas horas de sono sacudindo-as dos meus olhos de 18 anos e abri a porta para a arena. Dando uma olhadela na cena colorida, vi quase 30 campeões de trampolim dos seus respectivos países se aquecendo, misturando manchas de azul e de amarelo, de vermelho, de verde e de ouro, pulando como foguetes, lançando-se ao céu, dando saltos mortais e girando no ar. Em cerca de quatro horas, um de nós seria campeão do mundo.

No final, ficamos Gary Erwin, campeão da NCAA, e eu. Observei os exercícios finais de Gary; pareciam impecáveis. Eu teria de fazer o impossível.

Minhas pernas pareciam um pouco dormentes e trêmulas quando comecei a pular, cada vez mais alto, preparando-me para explodir num duplo salto mortal giratório e iniciar a minha rotina final. Ocorreu-me certa dúvida; então, de um teto quase esquecido, uma voz ecoou do passado: Pare de pensar e pule! Parei de pensar e me lancei no espaço — para conquistar o campeonato mundial.

Abril, 1968. Juntei-me aos meus companheiros de equipe na tentativa de ganhar o nosso primeiro campeonato dos National Collegiate Gymnastics Championships. A competição foi uma das mais acirradas na história da NCAA. No final, tudo dependia de mim, o último a se apresentar. Meu treinador e meus colegas ficaram sentados, retendo o fôlego e mordendo os lábios enquanto eu passava giz nas mãos e me dirigia para a barra horizontal.

A multidão estava tão silenciosa que o som das minhas mãos com giz deslizando pela barra parecia o único som da arena; eu sabia que o coração e a mente de meus colegas estariam ao meu lado na barra.

"Vamos, Dan, você consegue... Pare de pensar, pare de pensar..."

Uma força que estava além do vigor físico irrompeu dentro de mim; além do medo ou da dúvida, com total concentração e determinação, pulei para a barra. Vi-me fazendo um movimento que nunca fizera antes numa competição. Então, o tempo parou quando me soltei da barra e voei para cima, flutuando, dando saltos mortais, vendo o teto, o chão, o teto...

Tudo dependia da saída, que tinha de ser perfeita. Meu corpo se estendeu, rumando para o chão. No instante seguinte, eu soube — antes mesmo de ouvir o rumor da multidão, antes de o meu treinador pegar e balançar a minha mão — que eu havia conseguido. Mas "eu" nada fizera. Foi apenas a experiência de tudo acontecendo como que por vontade própria — um momento maior do que eu, maior do que a vida.

Eu nunca mais seria o mesmo. Eu vivenciara um Todo maior do que a soma de suas partes; a minha vida se tornaria mais simples e, ao mesmo tempo, mais interessante.

Comecei a perceber que os problemas que eu encontrava nos esportes ou na vida diária resultavam mais da desarmonia entre o meu corpo, a minha mente e as minhas emoções do que de circunstâncias externas. Eu sabia que a vida sempre teria os seus desafios, porém, à medida que criava níveis mais profundos de integração e de equilíbrio interior, minhas percepções se modificavam, e eu passei a reagir a esses desafios de maneira mais construtiva. Onde antes eu via obstáculos, eu passara a ver etapas; meus problemas se tornaram oportunidades, e todas as dificuldades passaram a ser uma forma de "levantamento de peso espiritual" — um meio de fortalecer o meu espírito.

Estes são momentos místicos em que "vemos" linhas de energia, sentimos o que os outros atletas vão fazer antes que eles o façam ou sentimos uma união com as outras pessoas na arena, momentos que nos lembram que a vida e nós mesmos somos mais do que imaginávamos.

Não importa o nome que damos a esses momentos especiais — satori, "a zona" ou "experiência culminante"; eles proporcionam uma antevisão do nosso mais elevado potencial. À medida que se abre e revela os seus segredos, os seus potenciais ocultos, o nosso campo de treinamento passa a ser um veículo para o domínio pessoal.

Hoje, mais do que nunca, muitos atletas relatam experiências extraordinárias que vão de capacidades e percepções paranormais a momentos de felicidade sem nenhum motivo, independentemente de eles saírem vitoriosos ou não. O tempo se desacelera ou mesmo pára, mas as horas podem passar como se fossem minutos. Nesses momentos especiais, eles sentem uma lucidez inacreditável ou têm um sentido de estar plenamente vivos. Essas experiências culminantes nos inspiram e nos incitam a ver a verdade máxima da experiência atlética: a de que as formas variadas de treinamento do movimento são, como Bruce Lee uma vez nos lembrou, "diferentes dedos apontando para a lua; se nos concentramos no dedo, deixamos de ver a glória da lua". Treinamos seguindo caminhos diferentes, mas escalamos a mesma montanha do autodomínio.

A jornada do atleta interior é a jornada de um herói, uma jornada em que as vitórias não são medidas pelos tempos nem pelos resultados, mas pelo nosso progresso nessa busca mais ampla. O treinamento é uma escola secreta, uma escola de mistério, o Caminho do Atleta Interior. Os espectadores podem assistir e aplaudir; os filósofos podem ruminar acerca das dificuldades e glórias; porém só aqueles que experimentaram, que alcançaram, pularam, dançaram, alongaram-se e suaram conhecem a sua doçura e a sua promessa. O espírito do atleta foi talvez mais bem expresso nas palavras de Theodore Roosevelt, que disse:

> Não é o crítico que conta; não é o que mostra como o forte tropeçou, nem onde o que realiza façanhas poderia ter feito melhor. O crédito é dos que estão na arena; dos que se esforçam valorosamente; dos que caem e voltam a se levantar repetidas vezes; dos que conhecem o grande entusiasmo e a grande dedicação; dos que, na sua melhor forma, conhecem no final o triunfo das grandes realizações; e dos que, na sua pior forma, se caem, ao menos caem enquanto se atrevem a tentar com grandeza, de modo que nunca haverão de figurar ao lado daquelas almas tímidas que não conhecem nem a vitória nem a derrota.

A universidade continua a ser o domínio do intelecto; o templo é o domínio do coração; o ginásio é a arena da vitalidade. Cada um de nós tem a universidade, o templo e o ginásio dentro de si. Nós, seres humanos, alcançamos a última fronteira, a jornada interior, quando descobrimos as leis do universo dentro do nosso corpo — a jornada do atleta interior, realizando o nosso mais pleno potencial. A recompensa é proporcional ao esforço.

É mover-se no âmbito de uma multiplicidade de
sensações e de forças sem esforço, com fluidez, sem
vestígios de empenho ou tensão inadequados.
É dançar por intermédio de Deus a cada momento,
dando piruetas, pulando, enganando todas as forças
que lutam para alcançar e engolir o Dançarino.

— Robin Carlsen

A jornada do atleta interior é a jornada da humanidade, espelhada de muitas maneiras — um enigma que poucos resolveram ou chegaram a ver.

O treinamento é o caminho e o processo, o meio e o fim, uma ponte para a evolução pessoal.

Enquanto cultura mundial, passamos pelas lições agridoces da opulência material e da pobreza abjeta, do excesso e da inanição, do conhecimento técnico não contrabalançado pela sabedoria. Não satisfeitos com soluções simbólicas, buscamos paz no mundo e paz interior, uma meta que está à nossa espera porque se encontra além do intelecto e só é encontrada quando o coração está aberto, e o corpo e a mente estão equilibrados. Nesse equilíbrio estão os ensinamentos secretos deste mundo.

O mapa está completo: vemos que as leis da natureza, as leis do atletismo e as leis da vida são as mesmas. Não há como escapar dessas leis; somos a um só tempo presos e libertados por elas. O caminho do atleta interior é o caminho do equilíbrio — disciplina sem extremos; amar em princípio e em ação, quando tenderíamos a fugir do amor; ser felizes com ou sem uma boa razão.

O renascimento do atleta mestre

Muitos dos atletas que vemos na televisão alcançaram um alto nível de boa forma física; porém muitos ainda não realizaram o seu potencial de atleta interior. Nas Olimpíadas, em Wimbledon ou em Pebble Beach, podemos ver muitos especialistas mas relativamente poucos mestres. A história a seguir ilustra essa diferença:

> Um dia, no Japão feudal, um mestre da cerimônia do chá percorria o mercado e colidiu com um samurai descontrolado. Imediata-

mente, o guerreiro exigiu uma desculpa pelo "insulto" na forma de um duelo mortal.

O mestre do chá não podia se recusar, embora não tivesse experiência com espadas. Ele perguntou se podia completar suas obrigações do dia antes de ir ao encontro do samurai para o duelo. Foi combinado que eles se encontrariam num pomar próximo no final da tarde.

Depois de terminar suas tarefas mais cedo, o mestre do chá foi visitar Miyamoto Musashi, famoso espadachim e pintor. O mestre do chá contou ao Mestre Miyamoto a sua situação e perguntou-lhe se ele podia ensinar-lhe como se comportar para morrer com honra.

"Trata-se de um pedido incomum", replicou Miyamoto, "mas ajudarei, se puder." Detectando um ar de compostura no pequeno homem que tinha à sua frente, Miyamoto lhe perguntou que arte ele praticava.

"Sirvo chá", replicou ele.

"Excelente! Então sirva-me chá!", disse Miyamoto.

Sem hesitar, o mestre do chá tirou seus utensílios de uma mochila e começou, com a maior serenidade e concentração, a realizar a graciosa e repousante cerimônia de preparar, servir e apreciar o o-cha, o chá verde.

Miyamoto ficou impressionado com a evidente compostura daquele homem na tarde de sua morte. O mestre do chá estava aparentemente livre de todos os pensamentos acerca do destino que o esperava dali a poucas horas. Ignorando pensamentos de medo, ele concentrava a sua atenção no momento presente de beleza.

"Você já sabe como morrer bem", disse Miyamoto, "mas você pode fazer o seguinte..." Então, Miyamoto o instruiu sobre como morrer com honra, terminando com as palavras "é provável que termine numa dupla morte".

O mestre do chá fez uma mesura e agradeceu ao espadachim. Com cuidado, ele pegou seus utensílios de volta e foi para o duelo.

Ele viu o samurai esperando impacientemente, ansioso para acabar com o seu assassinatozinho. O mestre do chá aproximou-se do samurai, depositou seus utensílios no chão com a delicadeza que teria com um frágil bebê — como se esperasse apanhá-los novamente dali a poucos minutos. Então, tal como Miyamoto sugerira, ele fez uma graciosa mesura diante do samurai, tão calmamente como se estivesse prestes a servir o chá. Em seguida, levantou a espada com um único pensamento em mente — golpear o samurai, fosse como fosse.

Enquanto fazia isso, com a espada levantada e a mente concentrada, ele viu o especialista em espadas arregalar os olhos de espanto, de perplexidade, de respeito, de medo. O espadachim já não via à sua frente um humilde homenzinho; via agora um guerreiro destemido, um oponente invencível que dominara o medo da morte. Levantada acima da cabeça do mestre do chá, rebrilhando rubra de sangue aos últimos raios do sol, o samurai viu a sua própria morte.

O espadachim hesitou por um momento, e, então, baixou a espada — e a cabeça. Ele pediu desculpas ao pequenino mestre do chá, que veio a ser o seu mestre na arte de viver sem medo.

Deixando os arbustos onde se escondera, Miyamoto espreguiçou-se com prazer, bocejando como um gato. Com um sorriso maroto, ele coçou o pescoço, virou-se e foi para casa tomar um banho quente, comer uma tigela de arroz e dormir sem sonhos.

Os mestres de uma arte dominaram os princípios interiores de todas as artes porque dominaram a si mesmos. Tendo controle sobre a mente e os músculos, eles demonstram força, serenidade e espírito. Eles não apenas têm talento para o esporte, como uma capacidade ampliada para a vida. Os especialistas brilham na arena de competição; os mestres brilham em toda parte.

Para o atleta interior, a capacidade física é apenas um subproduto do desenvolvimento interior.

Os atletas que são mestres podem passar despercebidos pelos que os cercam porque suas habilidades interiores só são visíveis para os que compreendem. Como fazem tudo naturalmente, não se destacam.

Quando os observamos de perto, vemos certo relaxamento, certa falta de esforço e uma espécie de humor tranqüilo. Eles não precisam representar um papel sagrado nem agir "juntos". Eles viram a própria vida de cabeça para baixo e de dentro para fora, e não têm nada a defender ou a provar.

Façam o que fizerem, eles praticam; o que quer que pratiquem recebe a sua atenção exclusiva. Eles irradiam segurança; os outros seguem, embora os mestres não tenham o desejo particular de liderar. Quando lavam a louça, eles só lavam a louça; sua mente se torna máquina de lavar; quando andam, sua mente anda com eles; quando cozinham, sua mente é comida no fogo; quando varrem, sua mente limpa o mundo.

O corpo se move natural e automaticamente,
sem nenhuma intervenção ou consciência pessoal.
Se pensamos demais, nossos gestos ficam lentos
e hesitantes. Quando surgem questões, a mente
se cansa; a consciência vacila e se agita como
a chama de uma vela ao vento.

— Taisen Deshimaru

Os atletas mestres vêem a vida como sua prática e criam uma cerimônia a partir de cada momento. Eles dobram roupa, se alimentam, lavam o rosto, ficam de pé ou se sentam com a mesma atenção que dedicaríamos a um jogo que vale um campeonato. Suas decisões têm uma qualidade tridimensional, empregando igualmente a razão, a intuição e o instinto. Por conseguinte, suas decisões sempre acabam sendo "certas", naturais e apropriadas. Comuns, mas cheios de energia, de força e de qualidade, eles revelam o espírito de um guerreiro pacífico.

Os mestres nos servem de lembrete de que todas as práticas específicas estão subordinadas à prática da vida. Use a lei natural para dominar o atletismo; use o atletismo para dominar a lei natural.

Imagine-se aproximando-se do topo de uma montanha, sentindo uma crescente sintonização interior com os ritmos da natureza. No fluxo, na zona, no estado de satori, você se aproxima da última volta do caminho e vê o pico diante de si. Então você percebe alguém de pé ali, sorrindo para você com olhos claros e brilhantes — um mestre da vida diária. Você caminha na sua direção, cheio de gratidão. O rosto do mestre torna-se visível e você percebe que o mestre é você mesmo.